あなたの「つらいこと」が「いいこと」に変わる本

原田真裕美

祥伝社黄金文庫

デザイン――ヤマシタツトム
イラスト――国分チエミ

はじめに

「仕事をすることが、自分の自由につながっていく」

そんなふうに感じることができるでしょうか。

「仕事をしているから自由でない」「仕事に束縛されてばかりいて、自分の時間がない」と感じることのほうが多くなってしまったら、働くのがつらくなるばかりですね。

仕事上の壁にぶつかって悩んだり、希望の仕事に就《つ》けなくて不満だったり、ストレスやプレッシャーでがんじがらめなときに、自由を感じることは難しいですよね。

私は、就職や転職、仕事の悩みについて、魂《たましい》カウンセリングをするとき、**「その人が自由な魂で生きられるか」「その人らしく生きるための仕事かどうか」**という観点で、ベストな選択ができることを最優先します。

就職、転職活動に焦《あせ》って、「とにかく雇《やと》ってさえもらえればいい」という気持ちが強くなると、自分の自由のための就職を考える余裕なんかなくなって、「自由になる」という発想とはまったく逆の、自分の時間と労力をすっかり仕事に捧《ささ》げて、拘束《こうそく》されることを前提に、身売りするように就職するといった感じが強くなります。

また、「職場では、自分を出さないことを強要されている気がする」「自分を失ってしまうようです」という悩みも、多くの方から寄せられます。

しかし、お金が必要なのも、安定した生活が欲しいのも、最終的には、自分の魂の自由につながっていくからだということを、忘れないでほしいのです。

「自分にとっての自由とは何なのか」を見失ってしまうとき、人は働くこと、生きることがつらくなるのではないかと思います。

この本は、働くあなたの「つらいこと」を「いいこと」に変えるための私からのメッセージ集です。

私たちは、生きているかぎり必ず働きます。生きていく以上、必ず何か役目を果たすべきです。

お勤めしていなくても、ボランティアでも、専業主婦でも、生きていることは働くこと、お仕事しているということ。**仕事とは「天のお使い」**だと思うのです。そのことに気づいた人から、自分の人生を輝かせる「天職」にも出会えるのだと思います。

私自身、ずっと働いてきましたし、これからも「働くお母さん」として、ずーっと働き続けながら、いろんなことを学んで成長していきたいと願っています。

本書で、働く皆さんの魂を解放するサポートができたら本望です。

仕事にがんじがらめになっても、魂だけは自由になれるんです。それに、魂だけでも自由でいなきゃ、やってられません。ストレスをモチベーションに変えて、人生には「ダメ」という答えはナイと思いましょう。**「もっといい道を探せ」**というメッセージがあるのみです。


働くことで自分を失ってしまわないように。

働くことで、自分が原因の「不可能」を「可能」にしていきましょう。

あなたの魂が、より自由に輝くために。

仕事でのさまざまな「つらいこと」を「いいこと」に変えていきましょう！

２０１５年11月吉日

原田《はらだ》真裕美《まゆみ》

2章

あなたの「天職」で働きましょう

3章

嫌《いや》な人間関係や、ネガティブな職場を乗り越える方法

8章
お金の不安を解決する

1章

仕事で悩んでいる あなたへ

1

「今の仕事がつらくて辞《や》めたい」とき

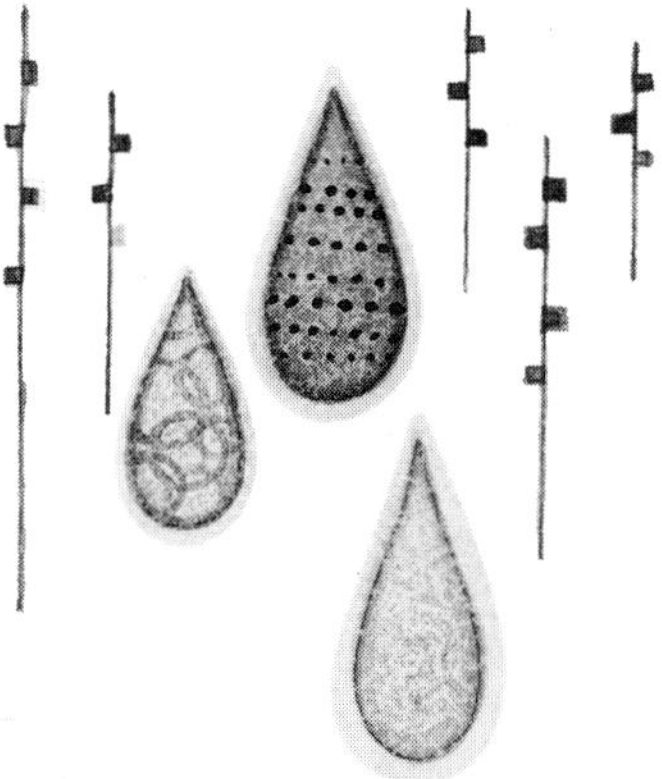

「この仕事は自分に合っていない」と悩んでいたら

「今の仕事は、自分に合っていないような気がします」「今の仕事は、楽しくないし、つらいし、やりたくない。我慢しなければダメですか?」。そういう悩みを持っている方は多いです。

もし、あなたがこのような悩みを持っていたら、その楽しくない、やりたくない仕事をやらなくてもいいようにすることが、今の目標ですね。まずはそのフラストレーションを、ポジティブなモチベーションに変えて、前向きになりましょう。どうしても今の仕事が合っていないと感じるのなら、自分が楽しめる仕事、やりがいのある仕事は何かを考えて、そういう仕事に転職するべきなのです。ところが、

「わかっているけれど、自分の好きな仕事に就《つ》くのは難しいんです」

「自分に合っている仕事がわからないのです」

という人もたくさんいます。「だから悩むのです」と。

「今やってる仕事が嫌《いや》なのはわかるけれど、だからといって、他にやりたい仕事がない。なんとなく憧《あこが》れる仕事はあるけど、それで生活していけるとは思えない」というところで、止まってしまうのです。

目標が観《み》えていれば

人が思い悩むときというのは、次への出口が観えないために、一生このまま八方塞《はっぽうふさ》がりになりそうな気がするからだと思います。これは次のステップを踏み出す準備ができてい

ないということです。

「今ここで我慢して、次は何をするのか」という目標さえ観えていれば、思い悩むことはありません。

嫌々ながら仕事を続けている大きな理由は、お金のためだという人がほとんどですが、お金のために我慢して仕事をすると決めたのならば、しっかり我慢して貯金しましょう。転職をするのにもお金が必要ですから今抱えている仕事へのフラストレーションは転職へのエネルギーに変換するのです。

貯金ができない場合は、貯金ができるようになる方法を考えてください。積極的にバイトをする、出費を抑えるなどの工夫で、少しでもお金の「ゆとり」を生み出せたら、それが転職への発想のゆとりにも、つながるでしょう。

将来的に自分がハッピーに仕事ができる職場、自分の才能を伸ばせる職場で新しいスタートを切るために、「今の我慢が未来の可能性を切り開く基盤になる」と考えたら、今の仕事に対しても、我慢のしがいが生まれてくるでしょう。

「希望していた仕事と、違うことをやらされている」とき

「希望していた業務と、まったく違うことをやらされている」

「イメージしていた職場と全然違った」

「希望して始めた仕事なのに、やってみたら嫌になってしまった」

そんなふうに、理想と現実のギャップに悩んで、それで仕事を続けていくことが苦痛になったら、まず**「それでも自分はベストを尽くしている」**と、苦境の中でも頑張る自分に自信を持ってください。そうやって今溜《た》めているストレスを、理想への出口を強行突破するエネルギーに変換しましょう。

最悪の場で、ベストを尽くせる自分を強化してください。夢と現実のギャップの間に「理想」と「突破口」と「チャンス」があるのです。それをしっかり観つめましょう。

理想と現実には必ずギャップがあります

今置かれている現状がつらくなったとき、今の仕事と理想の仕事のギャップに意識を向

けてみましょう。今の仕事ですでに叶《かな》っている希望、これから叶えていきたい希望、もうちょっとここが変わって欲しいという不満など、具体的に考えていきます。たとえば、「もうちょっとお給料がほしいけど、そうなると仕事が激務になる」「もっと自由な雰囲気で仕事がしたいけど、そんな感じの会社じゃない」「キャリア・アップしたいけれど、チャンスはまわってこなさそう」「自分の考えを仕事に活かしたいけれど、社長がワンマンで意見が言えない」など、理想と現実のギャップを埋めるには、相手や環境が変わるのを期待するのではなくて、まずは自分が理想に向かって先に進んで行く覚悟をするほうがいいと思うのです。

本当に理想の仕事を実現させるには、起業して独立するしかない場合もあります。とはいえ、起業したところで、すべて自分の思いどおりにできるとは限らないのです。たとえ理想の会社に就職できても、チャレンジと苦労は尽きないでしょう。実際は嫌な仕事をキッチリこなしているほうが、ずっと楽《らく》かもしれないのです。

「こうできたら、いいのにな〜」という理想を持ち続けるのは大切ですが、会社に自分の理想を押し付けるわけにはいきません。自分の理想に同意してくれる人がたくさんいれば、改善への道を切り開くこともできるかもしれませんが、ひとりで苦しんだり、会社の在《あ》り方に、ただ反発するのは、お天気など自然の営みに反発するのと同じようなもので、気にすればするほど、自分ひとりで空《から》回りしてしまいます。

理想と現実には必ずギャップがあるものなのです。そのギャップを埋《う》めても埋めても、必ずさらに新しいギャップが生じてきます。自分の理想だって、形をとどめず、どんどん膨《ふく》らんでいくものです。でもそのギャップの中から究極の理想が生まれてくるのだと思いますし、理想に近づく方法も、そのギャップを埋めようとする努力の積み重ねで、見つかるのだと思います。さらに、そのギャップを埋めることが、「夢の仕事」になることもあります。

苦痛の原因は自分の苛立《いらだ》ちかもしれません

いろいろ考慮した結果、それでも「この会社、絶対に合わない！」という気持ちに変わりがなければ、それは魂《たましい》の叫びで、正しい答えなのでしょう。どんなに条件が良くても、安定していても、自分の目標に合わないものは、合わないのです。苦痛の原因は、会社への不満より、**合わないとわかっているのに勤め続けている自分への苛立ち**なのだと思います。

会社を変えてしまうことはできなくても、自分の意識を変えることで、その苛立ちから自分を解放することはできます。理想と現実のギャップにある、現実的な問題と、その解決策を本気で考えて実行してみることです。転職したいのにできない原因の解決に取り組みましょう。そのプロセスの中で、本当に自分が求めているものの輪郭《りんかく》がはっきりしてくるでしょう。

理想が観えているのに、それに手が届かないのは、その理想の中にも自分に合わないことがあって、それについて具体的に考えていかないといけないからかもしれません。そこに、自分の求めている答えや、新しい可能性が秘められていないでしょうか。理想的な発想をするところまでは簡単で、誰にでもできます。そこから、それを実現させるための困難を、学びと受け取って、「達成感を勝ち取るためのモチベーション」に変換できることが大切です。

結果が出るまで続けてみる

自分が求めている答えを探すために、いったん仕事を始めたら、たとえ疑問が色々出てきても、しばらく続けてみましょう。「継続は力なり」と言いますが、**続けてみることでしか、自分の力を試せないこともあります**し、「続ける」ことを学ぶだけでも、大きな収穫です。「自分にできるのだろうか？」という疑問は、自分で道を創りながら歩き続けないと答えが出せませんから。

自分でダメだと思っても意外なところで才能が発揮できたり、できないと思っていたことが、できるようになったり、自分の想像を超える結果が出せる可能性があるのですから、いったい何ができるか試してみるつもりで、全力を尽くしてみましょう。

たとえその結果、「自分はその仕事に向いていない」ということになっても、それならそれで、思い残すことなく違う仕事に転職する決心をすれば、それは最高にポジティブなことですよね。

力を出し切ったときに観えること

仕事をとおして誰かの役に立つとか、人の魂に触《ふ》れていくとか、自分の使命を感じ、仕事以上の目的を果たすことを考えると、業績を上げることとはまた別に、やりがいを感じられる仕事の仕方が観えてくると思うのです。そうすることで、本当にやりたい仕事が、さらに新しく観えてくるかもしれません。

今やっている仕事が、理想とまったく反対のことだったと気づくこともあるでしょう。「力を出し切ったときに観えてくる新しい可能性」というのもあります。自分の限界を実感したときに観えてくる、新しいビジョンやひらめきを発掘するために、つらくても今頑張っているのかもしれませんから。

「こんな感じで続けていてもいいのかな」なんて疑問があがってくるときは、次の目標が観えてくるまで、今のところで頑張りましょうというサインです。それも手抜きしないで頑張る。しっかり仕事をしながら、自分が何を求めているのか、ピンと来るものにぶつかるために、仕事に必要な集中力を活用して、内観しましょう。

たとえ途中で、「私って、才能なさそう〜」と感じても、とにかく続けてみましょう。自分の才能の足《た》りない部分を補うために努力することが、新しい可能性を切り開いてくれるでしょうから。仕事をとおして何が観えたかが、自分にとって本当の収穫なのだと思います。どんなにくじけそうになっても、しっかり背筋を伸ばしていられる強い自分でいることが、自分にとって一番必要なのです。それを実感できるだけでも大きな収穫です。

つらいときこそ、謙虚《けんきょ》にリセット

今の仕事がつらくて、悩んでいるときこそ、謙虚に自分をリセットしてみることも必要でしょう。「今の仕事はつらいけれど、それでもやっぱり仕事をしているからこそ得ているものがあるはずだ」ということにも、目を向けてみましょう。お給料やその他の保障はもちろん、仕事のノウハウ以外にも、ただ定時に出勤するだけでも、朝起きて仕事に出かけるという目的があって、自然に生活のリズムができるというありがたさもあります。

つらすぎて、そういうことに感謝できなくなったり、出勤のストレスにばかり意識がいくかもしれませんが、不意に突然仕事ができなくなった経験のある人には、仕事に行ける大切さがよくわかると思います。とにかくお給料がいただけるのですから、それで自分は次の目標に向かって進んでいけるのです。そんなふうに謙虚に自分を観つめ直して、次の目標に向かう決意をしましょう。

今の仕事が自分を支えてくれています

睡眠時間を削ったり、休日を返上してでも、好きなことが少しでもできたら、自分の願いが少しずつ叶っているということです。小さなステップを重ねて、自分のやりたい仕事にいつか飛び移れるようになる日まで、今の仕事が自分を支えてくれるのです。

たとえ職場に苦手な人がいたとしても、職場で浮いているような気がしても、仕事そのものがつらくても、すべてトレーニングだと思って、自分のものにしてしまいましょう。それを乗り越えるための忍耐力や芯の強さ、ネガティブさに負けない発想などを身につけていけますから。どんなことでもポジティブなモチベーションに変換できたら、絶対に自分は損《そん》はしていないはずですから。

「クビになったって、ご縁《えん》」ですから

一番避《さ》けたい悪循環は、

「仕事がつらい」
←「この仕事を辞めたい」
←「うまく仕事ができない」
←「職場で邪魔者になっている気がする」
←「クビになるのが怖い」

といったタイプのものです。辞めたいけどクビにはなりたくない、それで必死でしがみ

ついて苦悩するといった、発展性のない悪循環です。

クビになったら、それも新しいご縁のきっかけだと考えていいでしょう。本当に嫌な仕事だったり、長く続けたくない仕事をしているのなら、最悪クビになったとしても、「おかげさまで辞めるチャンスをいただきました」と、ありがたく辞職すればいいのです。

今やっている仕事が嫌で、辞めたいのに辞められない、と悩んでいる人は、その仕事を続けるつらさよりも、その仕事にしがみついている自分への自己嫌悪からの苦しみのほうが強いのではないでしょうか。

本当に辞めたければ、何としてでも辞められます。あなたが辞めても、必ずその仕事をしたいと希望する適任者が現われます。なのに辞めないのは、やはり今、その仕事で得られているものを手放せないからでしょう。それで自己嫌悪にならなくてもいいのです。

ストレスやネガティブな考えにおしつぶされるような気持ちで一日を過ごすと、時間とエネルギーを無駄に消耗してしまいます。

いつか辞められる日のために、コツコツ転職をイメージしながら、今の職場から学び取れることをすべて吸収しましょう。もう二度と同じような職場には戻らないとか、その業界にはオサラバとか、そんな固い決心をさせてもらえることだって、その嫌な経験や職場のおかげなのです。

転職してから、「やっぱり自分が甘かった、わがままだった」なんて後悔して、前の職場を恋しく思うようでは困ります。嫌な仕事でも、クビになりそうな職場でも、最後までベストを尽くしましょう。嫌々ながら中途半端に仕事をするのは、後になって自己嫌悪や自信喪失の原因になりますから。

2

ネガティブ・モンスターに気をつけて！

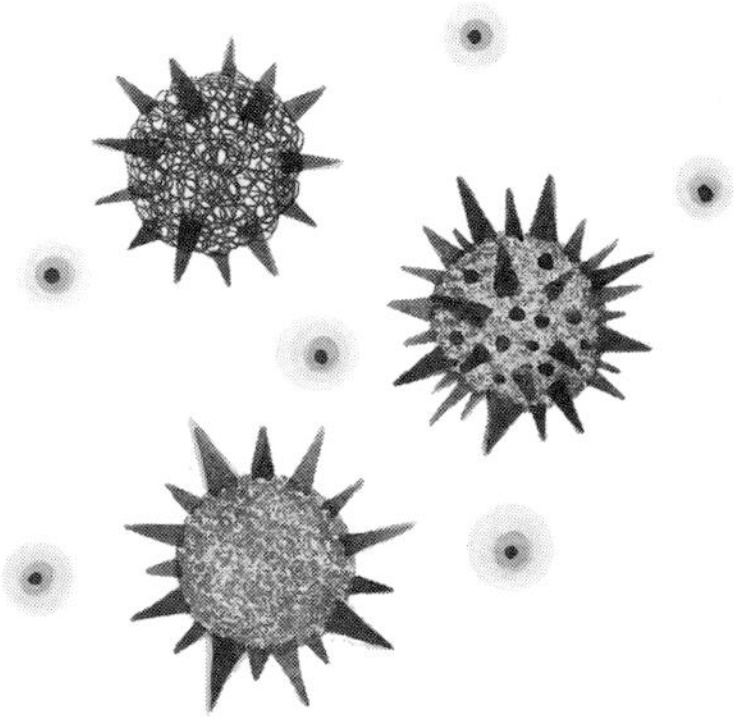

ネガモンの角《つの》、出ていませんか？

自分の中にも外にも、ネガティブなエネルギーが充満していて、それを循環、伝導させる、ネガティブ連鎖の発信源のような人のことを、「ネガティブ・モンスター」、略して「ネガモン」と私は呼んでいます。もっと正確に言うと、「ネガモン状態」というネガティブになっている状態のことを意味するのですが。

一時的にそうなっているだけの人もいますし、自分もまわりも皆ネガモンで、習慣的にネガモンになりきっていて、それにまったく気がつかない人もいます。

私だって常に、魂《たましい》、環境、エネルギーを浄化していないと、いつでもネガモンになる可能性があります。カチン！と来た瞬間に、すでにネガモンの角が出ていますから、すぐにその角は抜いてしまわないといけません。ポジティブなことにフォーカスしていないと、すぐにネガモン・エネルギーに影響されてしまうのです。

たとえば、不吉な報道を見聞きするだけでも、ネガモン・エネルギーに接触しているわけですから、それで疲れてしまいます。

いろんなことが嫌《いや》で、「嫌々ながらサン」になっているのが一目瞭然《いちもくりょうぜん》な人。近くにいるだけで、エネルギーがドヨ〜ンと下がってしまう人。イライラしているのが伝わってくる人。口を開けばネガティブなことしか言わない人。発想がマイナスの循環になっている人。悪いことしか考えない人。まわりの人をみじめにする人など。みーんなネガモン状態なのです。自分がそんな状態に陥《おち》っているときはもちろん、そうでなくて、ネガモン状態の人を見かけるだけでも、ドーッと疲れてしまうものなのです。

だからといって、ネガモンから逃げるわけにはいきません。誰でも生きていれば、ネガモンになる理由はつねに発生してくるのです。毎日お風呂に入るように、歯を磨くように、お部屋の空気を入れ替えるように、自分の内外のネガティブ・エネルギーを浄化して、ネガティブ・エネルギーの塊の「ネガモン」にならないようにしましょう。

「ネガモン」と思えば、慈愛の気持ちに

私は、「嫌な人」「苦手な人」といった嫌悪感の強いイメージを抱くことがあっても、「ネガモン」と認識することで、ちょっと慈愛の気持ちが持てる感じがするんです。

自分の正義感も強くなったりして、「ネガモンを助けてあげよう」「自分の中のネガモンを浄化しよう」「ネガモンに餌《えさ》（エネルギー）を与えないようにしよう」「あの人は今、ネガモン状態だからちょっとそっとしておいてあげよう」「ネガモンには影響されないようにしよう」など、ちょっと余裕のある距離感を保ちながら、嫌悪感満々の人に対応したり、自分の中のネガモンを退散させることができる感じがするのです。

親との関係で例えると、親を「嫌だ、嫌いだ」と思うと、憎しみや許せない気持ちが爆発しそうになるのを、「うちの親、ネガモンだからな〜」と思うと、感情的になる部分が

切り離される感じがしないでしょうか。

夫や妻や子どもにも、「それってネガモンなんじゃない？」「あ、今ちょっとネガモン状態だね」「○○ちゃんは、ネガモン背負ってるよね」なんて言えたら、本人と一緒になって、「嫌悪感」「嫌な言動」と、それが与える家族への影響について、客観的に向き合える感じがします。

友だちにだって、「嫌な奴になってるよ」と言うと相手を傷つけそうですが、「なんか、ネガモンになってない？」くらいの感じで言ってあげられると、前向きに「ネガティブなところを変えて欲しい」という正直な気持ちを伝えられるのではないかと思うのです。

嫌な現状をやり過ごしていると……

私のブログやツイッターにも、「職場でネガモンに囲まれていてヘコみそうです」「最近自分はネガモンになりがちです」「母がネガモンで困っています」そんなコメントが寄せられます。

ネガモンになる原因は、「嫌な現状を改善できない」こと、「不満な現状を打破するための新しい試みをする決心ができない」ことなどだと思います。無難な現状を維持するために、嫌なことや不満をお腹《なか》に抱えたまま、同じトラブルを繰り返し、それをポジティブなことに変換することもなく、その嫌な現状を我慢し続けることばかり考えて、毎日「乗り切っている」というよりも、「やり過ごしている」という感じだから、ネガモンになってしまうのだと思います。

自分の中で改善されない問題を抱えたまま、それをごまかして生きていると、たちまちネガモンになってしまいます。

表面的にはポジティブでも、自分の根っこにネガモンが居座って、ちょっとした瞬間に、シッポやツノやツメがニョキッ!と生えてくるようでは困ります。「いい人なんだけど、すごいネガモン」というのもありえるのです。

「自分はネガモンにならない」と誓う

とはいえ、ネガモンがまったくいない世界は存在しません。

ですから、私自身もつねにネガモンにならないように、毎日欠かさず、ポジティブ・エネルギーで自分を浄化すると同時に、「ネガモンに影響されない」「自分はネガモンにならない」「ネガモンに負けない」「ネガモンに反応しない」ということを唱えるように、自分に言い聞かせています。

そして、ポジティブ・エンジェルのような人が集まっているところに接触するようにしています。そういう魂のオアシスのような場所というのは、みんながポジティブな目的で集まってきている場所です。ネガモンじゃなくて、ポジティブ・エンジェルでいたいですものね。

3

どんな仕事も「天のお使い」

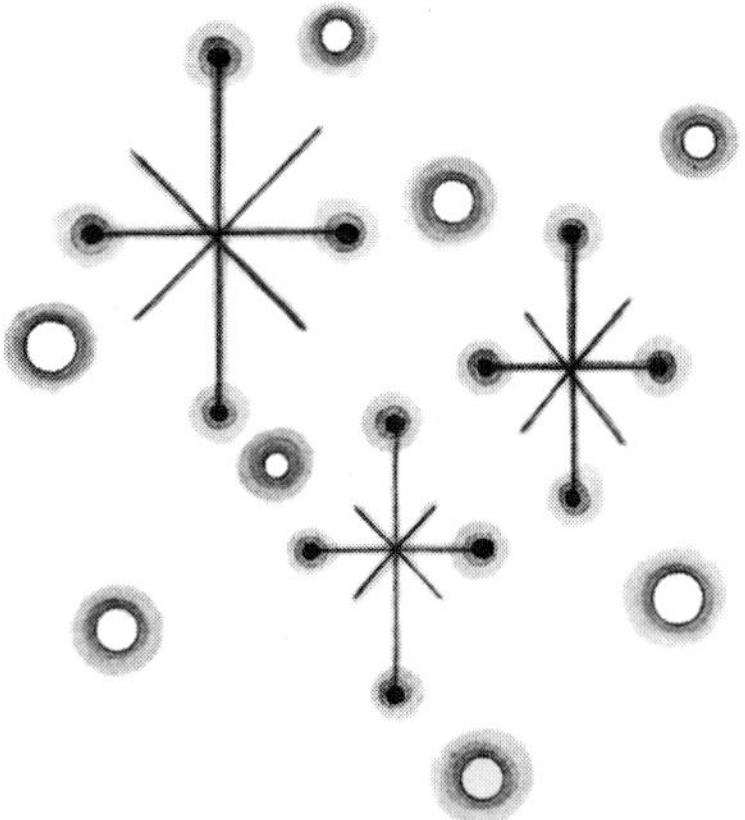

天のエネルギーとつながる

どうしても働くことがつらくなったら、**「自分は天にお仕《つか》えしているんだ」**と考えてみてください。この「天」というコンセプトを捉《とら》えるのが難しいようでしたら、天使のようなイメージをしてください。天のお使いの天使です。

「いきなり天使になれと言われても」と思われるかもしれませんが、**自分という殻《から》や限界**

を飛び出して、宇宙とか天のような広大なエネルギーとつながるようなイメージをしてください。この天のエネルギーを、自分をとおして、仕事をとおして、まわりに伝えていくのが自分の仕事なんだ、というイメージをしてみてください。

それだけでも、目の前の小さなことに悩んでイライラするなんてことは、無駄なことだって感じられないでしょうか？　どんなにつらくても、その職場で根を張って、頑張り続けるしかないという状況にいる人には特にお勧めです。

私はこれまで、愛する人との死別や離婚など、悲しみのドン底にいながら求職活動した人に、たくさんお会いしてきました。「ネガティブなエネルギーを出してちゃ、誰も雇《やと》ってくれない！」。そう自分に言い聞かせて、悲しみを遮断《しゃだん》して、強く前向きなエネルギーで面接に挑《いど》んだ人たちは、そのパワーで雇用され、さらに強く、美しく、前向きに飛躍されたのです。

そういった人たちからは、輝かしい、パワフルな希望の光が放たれているのを感じました。その姿に触《ふ》れた人々は、無意識のうちに勇気づけられていると思います。人が前向きに、幸せに生きる究極の意味は、そこにあるのではないでしょうか。

「幸せに生きる」という基本的なことは、まず自分からポジティブなエネルギーが出せるようになる、ということだと思うのです。幸せになりたいなら、ネガティブなエネルギーが生まれない環境づくりや、ネガティブなエネルギーをポジティブなエネルギーに変換する発想ができるようになりましょう。そうやって、自分の中にいつも幸せなエネルギーを循環させましょう。

幸せになれないといって、ネガティブなエネルギーを放出している人は、自分もまわりの人も、ますます不幸にしてしまいます。どんな状況にいようと、自分の中の幸せにフォーカスして、天から降り注ぐ、輝かしい光のようなエネルギーを、まわりの人に感じさせるくらいになれたら、どんな就職活動だって成功させられるようになるでしょう。不思議に人を引きつけるような魅力は、そんなポジティブな力から生まれるのです。

私は「天のお使い」というのは、ポジティブに生きる素晴らしさを人々に伝えるために、ポジティブなエネルギーを人々に感じさせる生き方をすることだと思います。これは職場でも果たされるべき、大切な役目のひとつでしょう。仕事をとおしてそれができていると実感できたら、働くつらさを達成感に変えられるのではないでしょうか。

誰かがあなたを必要としています

人はサバイバル目的だけで仕事をしているかぎり、本当の幸せは味わえないと、私は感じています。

生き残っていくためだけの人生は大変偏《かたよ》っていると思うのです。お金を稼《かせ》ぐことだけが最優先の人生は、偏っています。生きている喜びを感じるためには、使命を果たせているると実感することが大切だと思います。

使命というと、とても責任重大なことのように思われがちですが、自分の命を使ってしっかり役目を果たしている、**自分がやった仕事が、誰かの役に立っている**と思えるだけでも、使命を果たせていると思うのです。それを直接感謝される場合は、生きる喜びをご褒《ほう》美《び》としていただくようなものだと思います。

「自分の魂《たましい》のためにお仕えしている」と考えてみましょう

仕事は文字通り「仕える事」。自分がやりたい仕事をしていないときや、自分のアイデンティティーとは言えない仕事をしているときは、仮の姿で自分の人生を生きているような感じがして、それでハッピーになれないこともあるでしょう。そんなとき、「**自分は魂のためにお仕えしているんだ**」と考えてみてください。この宇宙に存在する数えきれない生命のひとつとして、自分がこの世に生を受け、幸せを味わう可能性を与えられたのです。自分の魂を守り、育て、まわりの人の魂を支えながら、自分の魂が本当に求める、自分らしい生き方ができるようになる日が来ると信じましょう。

今とりあえずやっている仕事への不満で、自分の魂を蝕《むしば》まれてしまっては、何のために頑張っているのか、わからなくなってしまいます。純粋な魂を大切に守ってあげてください。その魂が求める理想の未来のために今、頑張っているのですから。

自分の魂が求める仕事が、いったい何なのかわからない場合は、誰のお役に立ちたいか、考えてみてください。どういう人に喜んでもらいたいか、考えてみてください。自分の魂がハッピーでいられるためには、どういう魂の人たちと接するべきかも考えてみてください。

人生の大きな目標は、自分が魂のつながりを感じる人たちに囲まれて生きていけるようになることだと思うのです。職場にしても、私生活にしても。

不満がシャボン玉のように消えてなくなる

私は、どんなトゲトゲした状況の中でも、魂でご奉仕していくことを優先にしたら、「不満」がシャボン玉のように消えてなくなるイメージになりました。不満タラタラの人に接するときも、「魂でお仕えしている」とフォーカスすると、不満の風船のようなものがポン！と弾けて、スッキリした表情になれるものです。さらに、**「不満よ、解決策になれ！」**と念じて空に飛ばすイメージをしたら、本当に解決策が降りてきます。

仕事において、体力的なつらさ、精神的なつらさはあっても、魂的にはとても満たされて、「ありがたい」と感じることができたら、すべてのつらさを吹き飛ばせます。

とても面倒なことに接するときや、やりたくないことをやらなければいけないときに、魂でお仕えすることにフォーカスすると、その物事の可能性や良い側面に意識がいって、どんな苦境にも人生の美しさを発見できます。

「不満でむくれていたのは、自分が小心者だったからかな」と思える瞬間に、ちょっとした達成感があるでしょう。気の持ちようで、厳しい風景の中に、美しい風景を見出すことができるようなものです。

魂が満たされる生き方は、魂でお仕えしている人にしかできないものだと思います。どんな仕事をするときも、魂でお仕えして、自分の魂とのつながりを強めていってください。

やりたいことを忘れてしまわないで

人が夢をあきらめてしまう原因の中に、「やりたかったことを忘れてしまう」というのがあります。いつの間にか、現実的な問題や雑用に追われて、自分の理想をすっかり忘れてしまうのです。

人は一生をとおして、「どっちがいいか」を繰り返し考え、選択させられるものです。日常の小さな選択から、人生の大きな岐路《きろ》に立つ瞬間まで、毎日いつも「どっちがいいか」を考えて、「いいほう」を選んでいるはずなのですが、そこで「安全」とか「楽《らく》」を選んで、「理想」を見失って忘れ去ってしまうことがあるのです。

「いいほう」を取ろうとすると、いろいろ苦労が多そうだし、それを維持するのも大変そうだから、楽なほうを選んでしまう。「いいほう」を取ろうとすることで、今ある現状を捨てるのがもったいなく感じて、気持ちが変わってしまったり。

毎日の小さな選択を、確実に理想に近づけることで、いつかそれらが集積されて、大きな理想となって完成されるはずですから、そこにこだわって、小さな夢を実現させて、積み重ねましょう。理想のお家に住めるようになるまで、コツコツと自分の大好きな雑貨や家具を集めていくような感じです。


理想的な職場に共通するポイントは、魂が自由に生きられる環境で、なおかつ安定した幸せを得られることだと思うのです。しかし自由には不安定がつきもの、安定には拘束《こうそく》がつきものです。魂の自由と経済の安定の両立ができなくて、経済的安定だけを求めて夢をあきらめてしまう人もいます。

自由を求めることは正しいこと。安定を求めることも正しいこと。私たちにはその両方を手に入れられる可能性があると信じるべきです。でないと自由を求めるのは、安定を手放すことのような気がして、不安に感じてしまうでしょう。それが原因で夢を忘れることを選んでしまうのです。自由を求めるのは、決して悪いことではないのです。

精神的な自由、経済的な自由、時間的な自由、それをバランス良く求める方法は、自分で考え出さないといけないものだと思います。自分に合った方法は、自分にしかわからないからです。でもそれがわかれば、必ず実現させられる可能性があるはずです。

魂が求める仕事に就《つ》く計画を、部屋のお片付けのイメージで

魂が求める仕事に就く計画を、お部屋のコーディネートやお片付けなんかにたとえることもできます。「いつも、こんなふうでありたい！」と思うイメージに沿って、ざっくり整頓して、そこに収納しきれない雑貨たち、イメージに合わない家具や小物たちをどうするか、そんなことを考えていくと、自分に必要なレイアウトや収納システムを考えなくてはいけないようになるでしょう。しょっちゅう片付けなくてもいいように、時間をとらず、場所をとらず、手間をとらない、そういう自由があって、散らかりにくいという安定性のある部屋づくり。

自分の人生に、自由と安定をバランス良くコーディネートしていく働き方とは、あなたにとって、どんなものでしょうか。

column 1

ネガモン浄化法

さて、ネガモンにやられてしまったときは、どうすれば浄化できるのでしょうか。

ネガティブなエネルギーに影響されると、どんよりと周囲の空気が重くなり、何をやってもダメなような気がしてしまうものです。どうも前向きになれないときは、自分の内外のどこかにネガモンが存在しているのでしょう。まずは予防対策をすることが大切だと思います。

ネガモンはどこにでもいますし、みんながネガモンになっている場所なんていうのもあります。

テレビや雑誌で嫌な話を見聞きして、ゾーッとするだけでも、間接的にネガモン・エネルギーに影響されていますし、物事がうまくいかないとか、ちょっとした失敗をしただけで、ネガモンになってしまうこともあります。

とにかく「ネガモンに人生を振り回されるのは絶対嫌だ！」「ネガモンに絶対負けない！」、そう誓ってください。この覚悟や決心がなければ、ネガモンには対抗できません。

ネガモン状態の人と遭遇したら、「あん

なふうに絶対なっちゃいけない！」。そう唱えましょう。自分の中に芽生えたネガモン・エネルギーは、さっさと浄化してください。自分の中にあってはならないモノなのです。

ネガティブなことを考えはじめたら、すぐさまそれを覆《くつがえ》す行動に出てください。心配なことがあったら、その心配の種を取り除くことにフォーカスしましょう。

たとえ、自分の中に「もう、生きていけない」というような最悪のネガティブ思考が生まれたとしても、「そういう心配が根底にあるから、いろんなことに頑張れるんだ」と思ってください。

ネガモンにやられてしまったら、ポジティブ・エンジェル――これはポジティブなエネルギーでできた天使のイメージです。――になったつもりで、何でもネガティブな物事をきっかけに、ポジティブなことをする闘志をオンにします。

「状況はさほど変わらなくても、びっくりするくらい前向きになれている」。それがポジティブ・エンジェルの状態です。それを維持し続けることが、最高のネガモン浄化法なのだと思います。

2章

あなたの「天職」で働きましょう

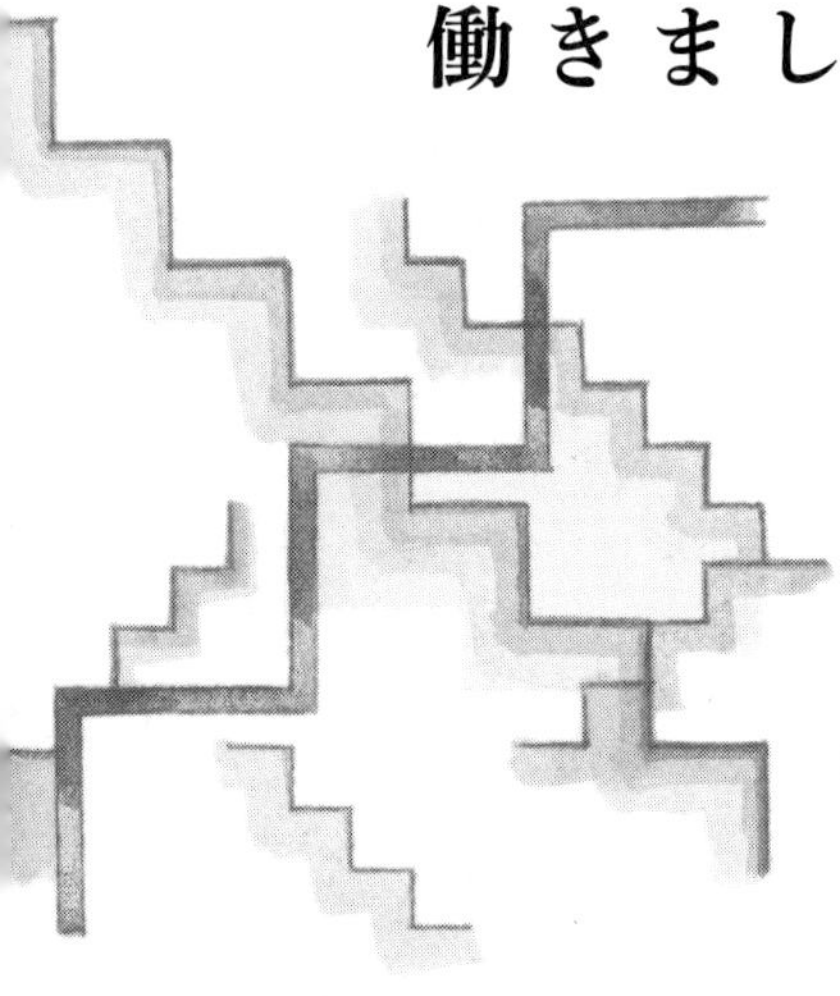

4

天職と出会うために

「天職」とは、生きる喜びを感じられる仕事

「天職」とは、その人の本質を活《い》かせて、生きる喜びを感じられる仕事のことだと思うのです。

仕事をとおして人々に希望を与えられて、そして自分にも希望が湧《わ》いてくる仕事が、天職なのではないでしょうか。そのような仕事で生活ができれば最高ですが、やりがいはあっても、望むような収入は得られないことが多いのが問題ですが、それでも、「これをやっているときは幸せ」と思えることを仕事にできると、生きている充実感や、幸福感の純度がグッと高くなります。

天職の「天」というコンセプトは、「天上に神様がいる」といったイメージではなく、私としては、空を仰《あお》いだときに感じる解放感や、疲れ果てたときに、上から降りてくるような、自分以上の力の存在、自分以上の力を出したくなる気持ちをイメージして、そういうものの総称を「天」としています。または、「天国」をイメージしたときに湧いてくる、永遠に続く幸せ、夢や希望などのイメージを名詞にして、「天」といった感じで捉《とら》えています。そして、その「天」にいるような気持ちで、せっせとご奉仕したくなる仕事、やればやるほど、もっと頑張りたくなる仕事、その仕事をとおして、人々と幸せや勇気や希望を交換できる仕事が、天職ではないかと思っています。

そんなふうに仕事ができる人は、私にとって天の反映のような存在です。一生懸命働く人の姿は、それこそ天使です。

それはどんな仕事でもいいのです。特にサービス業に限られているとは言えないと思います。人と接するお仕事は、直接感謝されるチャンスが多いでしょうから、わかりやすいと思いますが、そうでない仕事だって、一緒に働く人に幸せや夢や希望を与えてあげることができます。

厳しい職場で、ユーモアと人間らしさを忘れちゃいけないことを、いつも思い出させてくれる人の存在は本当にありがたいものです。つらいときほどみんなを励ますことで、天のお使いの役目を果たすことはできると思います。電話での応答でさえ、魂《たましい》が通じていれば、感謝の気持ちが湧いてくるものです。

アルバイトやパートタイムでお仕事をするときも、魂が伝わる存在でいられるようになること、それが天職に就《つ》くための資格とも言えるのではないでしょうか。

きっかけは、アンラッキーな出来事であることも

天職に就けた人は、その仕事に出会ったときから、「これだ！」と感じることが多いようですが、ラッキーなことがきっかけになったばかりではなく、不幸な出来事に見舞われ

たことがきっかけで、使命を果たせる仕事に出会えて、それが天職になったという人もいます。

たとえば、もと格闘家だった方のお話です。その方は事故に遭われ、瀕死の重傷から回復する過程で、自分の中のスピリチュアルな力が、肉体の回復に大きな影響を与えることを実感しました。それ以来、競技としての格闘技ではなく、スピリチュアルな面を重視した「ボディ&マインド&ソウル」のためのエクササイズを開発することに携わり、それがこの方の天職になったのです。

やりがいのある仕事は決して楽《らく》ではありません。基本的に仕事は楽ではないのです。楽ではないべきでしょう。楽をしたり怠慢《たいまん》になっているときには、魂のパワーは発揮されませんから。必死になるから人を感動させられるのです。

楽そうに見えることは、全然楽ではないものですし、達人がやることほど、楽々やってのけるように見えますが、ちょっとやそっとじゃできないことなのです。仕事をするには職業病がつきものですし、何でも一生懸命やれば、無理をしてしまうものです。それでもやっぱりこの仕事が好きだと感じられることが、働く幸せですよね。

自分の天職がわからない人へ――恋愛と同じかもしれません

何が天職だかわからない人は、まずは、自分の「パッション／情熱」にスイッチを入れないといけないでしょう。恋愛と一緒で、本当に情熱的に愛せる仕事が何かわかるようになるまで、時間がかかる人もいるのです。意識的に憧《あこが》れる仕事と、実際やってみて夢中になれる仕事が、全然違ったりもします。

失敗を恐れがちな人や、人の批判を気にしがちな人は特に、「自分にやれるのだろうか?」という疑問に打ち勝つためにも、ちょっとでもやってみたいと感じる仕事を、まずはやってみてください。そのための訓練や勉強からでもかまいません。

たとえ挫折《ざせつ》して、どんどん目標を変えても、そうやって自分に向いている仕事を見極めていけるといいでしょう。

やりたいことがあるのに、自信が持てないからと、その仕事を避《さ》けようとしないでください。「やってみたいけど、自分がやるべき仕事なのだろうか? 他の人が何て思うだろうか?」なんて思いに振り回されないでください。

「本当に大変なことにチャレンジしてしまった!!」と、窮地《きゅうち》に追い込まれないと、本当に何がしたいのかわからなかったりしますし、そこで「それでもやっぱり、この仕事がしたい！」と自覚できたら、それに間違いはないはずです。

魂の支えがあれば、何だって可能にできるはずなのです。情熱のパワーがあれば、何にでも耐えられるはずなのです。その魂と情熱のパワーを実感できるだけでも、純度の高い幸せを感じていることになりますから。その魂と情熱のパワーを知らずに、天職を見極めることは不可能でしょう。天職探しは、まずは自分の魂と情熱を目覚めさせることが、最初のステップです。

旅をするように仕事をする

まずは、「今やっている仕事や、これからやる仕事に、天にお仕《つか》えするような気持ちで取り組むことが、天職への道も開いていく」と考えることから始めましょう。

天職とのご縁《えん》に結ばれるきっかけを求めて行動することと、そのご縁に恵まれたときに、それを受け入れられる自分になるのが第一歩だと思います。

天職とか使命と感じられる仕事というのは、**「その仕事をやれることで、命が救われるような気持ちになる」**と感じさせてくれる仕事です。ですから、追いつめられないと観《み》えて来ないことが多いとも言えるでしょう。

天職と出会うためには、旅をするような気持ちで、やれる仕事をやってみましょう。頼まれた仕事を引き受けてみましょう。少しでも興味をひかれる仕事をやってみながら、新しい発見や出会いがあるのを、待ってみるといいでしょう。

人生は正直なものです。どんなに小さなステップでも、**自分が望む方向に進む努力をしていれば、必ず道が開けます。**自分の希望に反する仕事をしているときでさえ、本来自分は、どっちに向かっていくべきなのか、本気で考えさせられるチャンスなのだと思ってください。違うものは、やっぱり違うとしか感じられないものですから。それを素直に受け止めて、もっと自分の望む方向に進んで行くためのモチベーションにしてください。どんな仕事でも、どんな環境でも、臨機応変に対応しながら、一生懸命に働ける自分になれたら、ある日人生が、「これがあなたの使命なのですよ、受けてください」と告げてくれる日が来るでしょう。

あなたの天職を「6つのタイプ」で考える

私が天職を探すお手伝いをするにあたって、特にやりたい職業がまったくわからない、という人には、次のようなステップでその輪郭《りんかく》をはっきりさせていくようにお勧めしています。まずは、何が自分への最大のご褒美《ほうび》で、情熱の源《みなもと》とは何かを考えてみてください。そして、次に挙げる条件に優先順位をつけてみてください。

A　現場で直接、人から感謝される仕事
B　安定性が高い仕事
C　探究心、向上心を刺激してくれる仕事
D　クリエイティビティーや自由さを感じられる仕事
E　出世できる仕事
F　お金儲《もう》けができる仕事

そして、基本的に自分は「安定的な仕事」をしていきたいタイプなのか、「冒険的な仕事」をしていきたいタイプなのかも考えてみてください。

さらに、「移動を伴う仕事」がいいか、または「毎日同じ環境での仕事」がいいかというのも、天職として長く続けていく仕事を決める際に考慮するべきことだと思います。

Fを最初に選んだ人は、なぜお金が自分の最優先するモチベーションなのか、どうやってお金を魂を満たすことにつなげていくか、考えてください。どんな仕事もお金のためにやるわけですから、どの条件も基本的にお金になることが前提です。Fを選ぶ場合は、方法は関係なくお金を稼《かせ》ぎたいという気持ちの現われですから、それで本当にいいのか自問してみてください。

これらのことを考慮したうえで、自分が興味のあるさまざまな職業にあてはめてみて、実際にその仕事をやっている人に会って、相談できるといいのではないかと思います。またはアルバイトやインターン、ボランティアなどをとおして、その職場を体験するのもいいでしょう。

すごく憧れるけれど、実際に自分がやりたいわけではない仕事というのも、結構あるのです。自分が切望する理由が、単なる虚栄だったりすることもあって、これが一番危険です。華《はな》やかそうに見える業界ほど、実際は過酷な労働条件だったりもしますから。

5

あなたの才能を目覚めさせる

苦手な環境こそ才能を目覚めさせるチャンス

苦手な環境でも自分の才能を活《い》かす工夫をしてみましょう。これは自分へのチャレンジであり、自分の中に眠っている可能性を目覚めさせるチャンスだと思います。

たとえば、交通渋滞に巻き込まれて身動きが取れなくなったとき、その時間をストレスいっぱいで過ごすか、何か有意義なことを考えて過ごすか、リラックスする時間にしてしまうか、同じ時間でも無駄にするかどうかは、自分の心構え次第ですよね。仕方なく、やりたくない仕事をやることになったとしても、不満ばかりにフォーカスしては、もったいないでしょう。自分からは絶対やらないようなことも、仕事だからやらなければいけない。それを自分の壁を越えていくチャンスにしていきましょう。

たとえ生活を支えるためだけの仕事をしていても、目指す目標があれば、すべての経験を活かして、自分の才能をさらに伸ばしていくきっかけにできると思います。何をするにも、ひとつひとつのステップ、過程をしっかり楽しんで、味わって、感謝して、吸収していく。それができないと、やりたい仕事ができるようになったとしても、迷いや不安が消えなくて、逃げ腰になってしまうかもしれませんから。

「やりたい仕事があるのに、それができないのがつらくて、生きることもしんどい」と言う人がいますが、好きな仕事ができるようになったとしても、それを続けていくつらさや大変さはあるわけです。いったん自分がやりたい仕事に就《つ》いたら、もう逃げ場はありません。自分でその仕事を選んだ場合や、他にやりたい仕事がない場合、どんなにつらくても、「この仕事でいいのか?」なんてことは言えなくなってしまいます。そして、やりたい仕事をやっている人は皆、仕事への愛情と嫌悪の狭間《はざま》で頑張っているものなのです。

仕事で煮詰まったときほど、自分の概念を広げ、まわりに起きている出来事の意味を理解する力を深め、今の自分の想像を越えた、革命的な結果や出口を発見するチャンスだと思ってください。今まで受け入れられなかったことを、受け入れられるようになるチャンスです。前に進めないときもひたすら前進するつもりでいたら、自分の中で新しい改革が起こるでしょう。これは大きな収穫です。嫌《いや》な仕事をバネにして、次の新しい目標に取り組みましょう。

運命を切り開く「切望の法則」

「こんな仕事ができたらな～と思っていたら、いつの間にかできるようになっていた」
「いろいろやっているうちに、今の仕事に出会って、これだと思いました」
「ずっと憧《あこが》れていた仕事でした」

「他にやりたいことも、できることもなかった」

天職と呼べる仕事をしている自覚がある人からは、こんな声を聞きます。いろいろな苦労はあっても、疑うことはなく、ごく自然にその仕事に就けたという、いつからか結ばれていたようなご縁を感じる人が多いようです。

天職への道を切り開くには、まずはそれを切望することが大切だと思います。どんなときも自分を前進させてくれるのは情熱ですから、天職に向かって進んでいく力も、情熱があって生じてくるものです。

しかし、この切望するとか、情熱を感じるところまでも辿《たど》り着けなくて、悩む人もいます。

まずは焦《あせ》らないで、少しでも興味が湧《わ》くことに、根気よくアンテナを張り続けましょう。

「いつまでも、これじゃダメ」という焦りもきっかけに

本当のところは、生きる気力もなくなるような、死にたくなるくらい絶望的な経験をし

た人が、自分に生きる意味を与えてくれる仕事に出会ったときに、それが使命となり天職になるというのが、一番わかりやすい天職との出会い方だと思います。ですが、誰もが必ずしもそんな深刻な経験ができるわけではないので、自分を追いつめることから始めましょう、などとはアドバイスはできないのです。

そのかわりに、「この仕事を一生やるなんて、絶対に嫌だ」と真剣に悩むような仕事を経験できることが、かなり追いつめられた状態に自分をもっていけるチャンスだと考えることは、現実的で、ポジティブなアプローチだと思います。

とりあえず仕事をしてみて、**「いつまでも、これじゃダメだ！」**と焦ったら、それで最初のきっかけを摑《つか》めたということです。ここから的《まと》を絞《しぼ》っていきましょう。

自分の魂を揺《ゆ》さぶられるような衝動を感じさせてくれる仕事、自分がやらなきゃいけない、自分が関わっていきたい、そんなふうに思える仕事は何かを知ることから、天職への道は開けると思います。しっかり自分の理想、現実とのギャップを観《み》つめて、そこで絶望的な気持ちになったとしても、そこに天職とは何か、答えがあるのではないかと思います。

仕事に不安を感じたら

仕事に対して、「本当に自分にできるのだろうか」「このまま続けていけるだろうか」と不安を感じることは、一生をとおして繰り返し経験することだと思います。そのたびに情熱や使命感をバネにして、地を蹴《け》るようにその不安を乗り越えながら、一生かけて学び続けるように仕事ができたら、「働くこと」＝「生きる証《あかし》」というイメージに直結する仕事になっていくでしょう。

最初に目標にした仕事が、自分の本質や能力にまったく合わない場合も、情熱を持って取り組みつづけていれば、自分にもっと合った方法が見つかるでしょう。たとえ職種は違っても、共通の達成感を得られる仕事があるはずですから。

職種そのものよりも、その達成感そのものが、私たちが一番求めていることなんだと思います。

6

天職という働き方

不安や怠《なま》け心から「不可能」と決めていませんか？

「自分にはできない」。そう、決めるのは自分自身なのです。自分を制限するのは、最終的には自分自身です。現実的に少しずつ可能性を切り開こうとしないのも、乗り越えられない現実を目の前にして、不可能と判断するのも自分です。

とはいえ、それが必ずしも悪いこととは言えません。不可能と判断したことを後悔しなければいいのです。自分の魂《たましい》は可能性を感じているのに、不安や怠け心から不可能と決めつけてしまうことは、よくありません。天職に就《つ》いても、就かなくても、天職とは思えない仕事を続けたとしても、他で幸せを感じることは充分できますから、天職に就いていない人は不幸とは言えません。でもやってみたい仕事があるのであれば、チャレンジしてみるべきだと思います。

自分で自分の可能性を奪ってしまうと、それが自信や自尊心が持てなくなる原因になったりしますから。

魂の声

自分の中に、「天職に就きたい」という魂の声が鳴り響いているのであれば、天職に出会えることを信じて旅をするような生き方を選んで、後悔しないと思います。自分がやりたいと思う仕事は、天職へのきっかけやヒントで、もっと他にピッタリくる職業があるのかもしれません。なので、希望の仕事に就けなかったとしても、天職で使命を果たしたいという気持ちを持ち続ければ、もっと理想的な仕事に出会えるはずです。実際にやってみなければ、その仕事での可能性など、実情はわからないものですから。

天職だと思って始めた仕事にさえ、疑問を感じることがあるかもしれません。するとさらにその仕事の延長線上に、本当の天職が待っているはずです。そこに辿《たど》り着くまでに、あきらめてしまうべきではないでしょう。誰にでも天職はあるはずです。そしてどんな仕事を通してでも天職を果たせる可能性はあります。それを見つけるのは、私たち自身なのです。

いつだって、飛び込むような気持ちで

「この仕事は自分の望むことに近いかも。とにかく、やってみよう！」。そう思ったら、思い切って飛び込みましょう。やってみてから、判断するしかありませんから。「飛び込んじゃっていいのかな～」なんて怖がるのは、覚悟ができていないからでしょう。最悪、辞《や》めればいいのです。

やってみて、あまりにも厳しくて、挫折《ざせつ》しそうになっても、それで今の自分の限界や弱点を強化することができるのです。第一線で活躍している人は、それを乗り越えてきたか

らトップに上がれたのでしょう。どうしようか迷って足踏みしたまま、何年も過ごしてしまうこともありえるのです。チョットやってみるつもりが、それでは全然ダメで、強引にガムシャラに頑張らされることになって、やっとスタートラインに立てるようになることもあります。

ザブン！と飛び込むような気持ちで始めてみて、必死で泳ぎ続けるような思いをしながら、長年のキャリアを築いていくことは、自分の好きな仕事をしている人の世界では、当然のことだと思います。泳ぎきれるかどうかも、飛び込んでみないとわからないのです。**本当に望む天職であれば、魂という救命装置が、必ずあなたを守ってくれるはずです。**夢の仕事に飛び込むことを恐れないでください。失敗しても、またサバイバル目的の仕事に戻るだけですから。本当の天職を選んだのなら、必ず生き残る可能性を開くことができるはずです。

オリジナル性を楽しみましょう

天職に就くにも、いろいろユニークな方法があることも考えてみましょう。何をするにしても、自分の理想に忠実に従おうとすると、ユニークな方法を思いつくしかなくなるものです。オリジナル性の高いことほど愛着が湧《わ》きますし、魂も情熱も込められるものです。愛情を持って長く続けていく仕事をするには、**自分がパイオニアになるしか方法がない場合もあります。**それなら喜んでチャレンジしてください。決して大それたことだと謙遜《けんそん》しないでください。自分の人生にとって最高のチャレンジなのですから。

「こんな仕事、ありそうでないな～、あったらいいのにな」という発想が、天職につながっていくこともありますし、すべての仕事の発想は、そこから来るものですよね。ずっと続けてきた仕事にしても、より自分らしく仕事をするには何ができるかとか、さらにいい方法で人のお役に立てるには、何ができるかなど、独自の方法を考えてみてください。それだけでも新しい可能性が観《み》えてくるでしょう。

豊かな気持ちになる働き方こそ、天職です

いろいろと工夫を凝《こ》らしてお仕事されている人に出会うだけでも、気持ちが豊かになった感じがするものだと思います。それだけでも使命を果たしていると言えると思います。

仕事だって生き物のようなものですから、ひょんなことから、「こんな方法でお役に立てることもあるのか～」って発見することも、天職につながっていくと思います。**「自分の人生を最大限に生きたい！」**、そう頑張っているうちに、「これが私の使命なんだ」と思える役目に出会う。その方法には決まったルートはありません。理想の仕事に就かなければ天職は果たせないとは考えないようにしましょう。そういう発想そのものが障害になってしまいます。同じ仕事でも、働き方、魂の持ちようで、天職と呼べる役目を果たせるはずですから。

人の役に立てるチャンスは、どこにでも転がっています。自分がやりたい仕事で生き残っていくには、自分の個性の良いところを、惜《お》しみなく提供することが大切でしょう。自分の中の独創的な世界を大切にすることを忘れないでください。それは魂と情熱の棲《す》むところですから。自分の中から湧き出るオリジナルのアイデアを大切に育てて、楽しんでください。そしてそれを、世の中に幸せを提供するために活かせる方法があるか考えてみてください。天職を見つける道は、そんなところにもあるのだと思います。

column 2

天職と出会う瞬間

自分の天職に気づいた瞬間、何の根拠も保証もなく「この仕事がしたいな」と思いつき本当にそれを選んでいいのか心配になって、私の魂《たましい》カウンセリングを受けられる方がたくさんいらっしゃいます。そういう場合、そのほとんどが魂の声で、正直な気持ちなんです。

でも「なんとなくやりたい」と思ったことに実際に取り組んでいくのは、とても勇気のいることだったりもします。

お金と時間を投資していいものかどうか、それも自分次第です。自分がそれを肯定していけるように努力するしかないのです。厳しいけれど、やっぱりやりたいから、その生き方を選ぶ。それが天職に就《つ》くということです。その厳しさを怖がっているようでは天職には就けません。

ゆっくりと時間をかけながらでもいいので、やりたい仕事に近づいて行ってください。「お金持ちになるために選んだ仕事じゃなくて、自分がハッピーに生きるために選んだ仕事」、そう清々しく言えるのが、天職に就いた人に共通していることです。

3章

嫌《いや》な人間関係や、ネガティブな職場を乗り越える方法

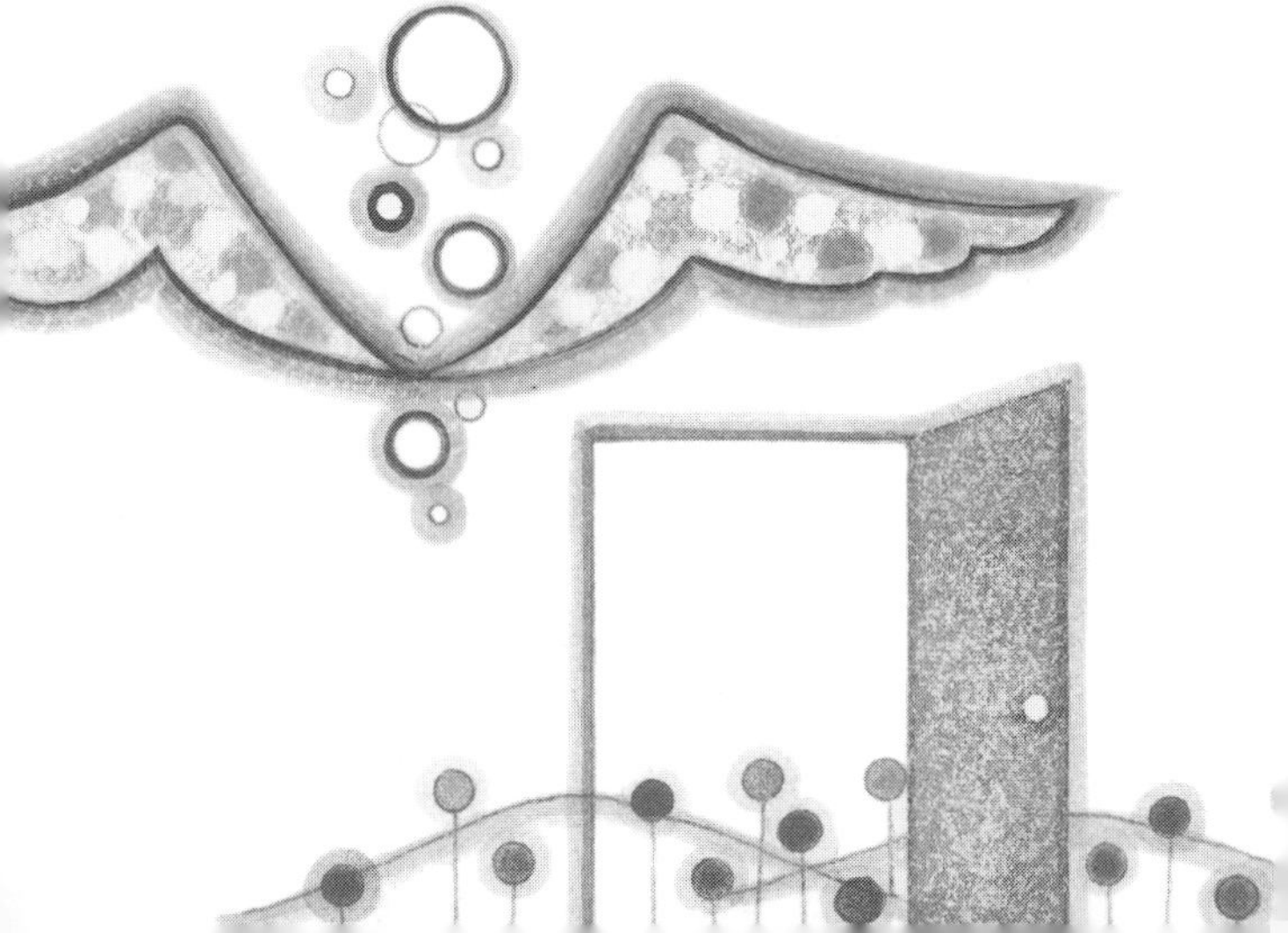

7

苦手な人との関係に悩んでいたら

ネガティブな会話は、切り札的なフレーズで！

人間関係がうまくいかないとき、たいがいはコミュニケーション不足が原因のようです。

避《さ》けられている気がするとか、敵対視されている気がするとか、何をするにも邪魔されると感じるとき、感情的になって悩んでしまわないように、相手と少し距離を置いてみましょう。うまくいかない原因について考えて、それにどこまで自分が関わるべきか判断しましょう。

どんなに自分がオープンなコミュニケーションを求めても、相手が心を閉《と》ざしている場合や、相手の視野が狭《せま》い場合、それをこじ開けるわけにはいきませんね。自分が受け身になって、相手の気持ちを聞いてあげるだけで、改善される関係もありますし、相手自身の不満や不安、ネガティブな性格や考え方が原因の場合など、あなたひとりが頑張っても、まったく改善できない関係もあります。

どんな苦境に立たされても、自分のエネルギーが、暗くネガティブにならないようにしましょう。冷静さを失って、迷わされるだけですから。どんなにネガティブな人と向き合うときも、自分がその被害者にならないようにしましょう。

ネガティブな会話を、くるりとポジティブに反転させる、切り札的なフレーズを考えてみてください。「こう言いたいけど言えない！」と思うときも、それをうまく伝える言い方があると思います。自分の正直な意見をいつも言葉にできるように、練習してください。それができないと、悔《くや》しさでネガティブなエネルギーが生じてしまいます。

うまく言い返せなくてヘコんだときは、次にまた同じようなことを言われたら何と言うか、前向きに自分の気持ちを伝える言葉を選んでおきましょう。

ネガティブ・エネルギーに負けそうになったら、エネルギーをポジティブに変換するメディテーション（冥想《めいそう》）をしましょう。自分にまとわりつく邪悪なエネルギーをふるい落とすように繰り返しジャンプするのも効果的です。

最悪、喧嘩《けんか》になっても、それは胸の奥に滞《とどこお》っていた本音を吐き出すプロセスです。必然的なプロセスだと受け止めましょう。それによって苦痛が軽くなるわけではありませんが、不満の原因が水面下で渦《うず》巻いて、いつ自分の足をひっぱるかわからないような不安を感じながら過ごすよりはいいでしょう。

「嫌な人」から逃げない

ネガティブなエネルギーの吹き溜《だ》まりのような場所は、どこに行ってもあるものです。人の気持ちを考えず、失礼な話し方しかできないような人は、どこにでもいます。陰口ばかり言い合うトゲトゲした職場もあるでしょう。

そういうネガティブな要因から逃げ回ってみたところで、キリがありません。なので、嫌な人や嫌な経験を怖がって、自分の行動を抑制してしまうなんていうのは、自分の可能性を放棄するようなものです。

なのに実際、まだ会ってもいない「嫌な人」を恐れて、働きに出るのを怖がる人や、以前に経験した嫌なことがトラウマになって、思うように活動できない人もいます。そんなふうに**自分をがんじがらめにしているのは、「嫌な人」や「嫌なこと」ではなくて、自分自身なのです。**

ネガティブなエネルギーや出来事は、水たまりを避けるように、くるりとよけたり、飛び越えたり、はね除《の》けたり、または自分のフィルターで、どんどんポジティブに変換していくようにしてみてください。どんなに手強《てごわ》い相手でも、自分の受け取り方で、かなりインパクトが柔《やわ》らかくなったりするものです。

人生で転んだり、なぎ倒されたりすることは、誰にでもあることです。どれだけすばやく立ち直れるか、転んでどれだけ学べたかが、自分にとっての収穫なのです。

人間関係がうまくいかない場も、それをなんとかポジティブに変換していく方法を学ぶための場だと思って、前向きに乗り切っていきましょう。徹底的にコミュニケーションを取って、お互いの言い分を表面化させるだけでも、不透明な重苦しい雰囲気が、少しは晴れると思います。

職場での悪い人間関係は、力争い、または単なる不満のぶつけあいなど、自分の魂《たましい》をすり減らしてまで関わるべきではない争いごとが、多いのではないかと思います。なのに、そのために退職することまで考えるようになるケースに発展することもあるのは、本当に理不尽《りふじん》なことです。本当に自分の魂が病《や》んでしまうような環境であれば、辞《や》めるのもポジティブな選択です。次の目標を決め、いいタイミングで辞めればいいと思えるだけでも、かなり前向きになれるのではないかと思います。

人は「人の気持ち」を呼吸して生きています

「私、こういう人は苦手なんだな～」

そう感じるときは、コミュニケーションが一方通行だからなのでしょう。個性が強すぎて、一方的にものを言う人、何かと攻撃的な人、または逆に、気持ちをはっきり言わない、何を考えているかわからない人など、その閉塞《へいそく》感を感じる理由は、いろいろあるでしょうが、その共通点は、「心が通じている感じがしない」「その人の魂の存在が伝わってこない」ということなのだと思います。自分のことしか考えていない人や、頭ごなしに拒絶してくる人からも、そんな閉塞感を感じます。

人は、無意識に呼吸をするように、つねに人の心を読みながら生きているものだと思うのです。そして、それを正確に言葉にして確認しあうべきなのだと思います。しかし、それができていないことが多いので、問題が出てくるのではないでしょうか。

息を吸って吐くように、人の気持ちやエネルギーを吸収して吐き出しているので、心を読まれることを拒否している人、まったく他の人のことは考えてない人、心を閉ざしている人、そういう人と接すると、苦しくなってしまうのでしょう。「この人苦手だ」と感じるのは、「この人といると息ができない」と感じるようなもので、自然に息のしやすい場所を求めて、その人から離れようとしてしまうのではないかと思います。

「人の心はわからない」と言う人がいますが、視力があっても、ものを見つけられなかったり、正しく判断できないことがあるように、人の心を察する能力はあっても、それに対してどうするか判断できないとき、不安になったり、相手を苦手と感じて避けてしまうのでしょう。人の気持ちが読めて、心が通じて、魂のつながりを感じられるときは、安堵《あんど》を感じるものです。

仕事をしていくかぎり、苦手な人ともコミュニケーションをはかっていくしかない場合がありますよね。そんなときは、**呼吸の乱れを整えながら接してください。**必ず相手の心境を読み取ることができるはずです。

相手が安心するゾーンを探しましょう

悪気はないのに、言葉の選び方がまずくて、一言一言が、「え？」と耳を疑うような、失礼な表現になってしまう人がいます。特に、ネガティブ思考の人は、言葉の端々《はしばし》にネガティブな表現が出てくるものです。ハッピーじゃない人もそうです。

「苦手な相手＝コミュニケーションが取りにくい相手」の根拠には、その人の生い立ちから、今置かれている環境まで、根深い原因があるので、簡単には改善されないものだと思うのです。そんな相手と接するとき、相手のコミュニケーションの特徴をささっと察知して、**相手が安心して話せるゾーンを作ってあげる**のがいいと思います。誰にでも特徴的なパターンがありますから、まずは相手の話を聞いてあげましょう。

「あの人は一方的にしか話さないから苦手」と思うことがあっても、その苦手と感じる部分が、相手の特徴でもあるので、まずはそれを受け入れてあげないと、コミュニケーションの糸口が摑《つか》めないでしょう。とにかく感情的にならないこと。その相手にわかりやすい表現方法を見つけましょう。

お互い相手のことがよくわからない場合のほうが、接しやすいこともありますよね。慣れ親しんでくるほど、コミュニケーションがずさんになってしまって、大切なことを伝え忘れたりすることもあります。慣れ親しんできたら、だんだん相手を苦手に感じるようになった、みたいなこともあります。これもコミュニケーションがゆるんできているサインなのでしょう。

苦手な人が上司になったら

職場で、嫌な人や嫌な経験にぶつかると、「道を誤《あやま》ったのか」「この仕事は辞めたほうがいいのか」などと悩むことがあるかもしれません。しかしそんなときこそ、「自分の判断や選択が間違っていた」「自分に合ってない」と結論を出す前に、まずはそういった嫌なことに強く対応できる自分になりましょう。でないと、どこへ行っても、落ち着かないでしょうから。嫌いな人や嫌な経験は、どこででも出くわすもので、逃げてばかりはいられませんから。「嫌な人とは絶対に仕事をしない」と決意して、それでも仕事に困らない人もいますが、なかなか、そういうわけにはいきませんものね。

業界は好きだけど、業界内での人間関係がどうしても嫌で、その仕事をあきらめる人もいます。とはいえ、嫌な人のひとりやふたり、どこにでもいるのです。

ただひとりの嫌な人が、自分の直属の上司だったりすることも、よくあることです。「あの気難しい上司が、よりにもよって、私の直属～！」なんてことになっても、肝試《きも》しくらいの気持ちで、どーんと構えましょう。

その嫌な人との闘《たたか》いではなく、自分との闘い、そして世間一般的な問題との闘いなんだと考えましょう。仕事を辞めたかったら、いつでも辞められるのですから。一生をとおして、嫌な人だって平気になる耐久力を養《やしな》って、**無敵な人**になれたほうがいいと思うのです。

嫌な人や経験に「辞めさせられた」と思わない

たとえ仕事を辞めることにしたとしても、嫌な人や嫌な経験に「辞めさせられた」と思わないで、**「そこは自分のいるべき場所でない」**と実感できたから辞めたと言えるようにしてください。嫌な経験をしたからこそ、本当の理想の職場はどんなところか、目標を定められるようになることもありますし、嫌な経験をしないと、それが観《み》えてこないこともあるのです。

嫌なことや、嫌な経験が理由で辞めたくなるような仕事や職場は、基本的にはもともと、ご縁《えん》を持たないほうがいいことは確かなのでしょう。それでも、その仕事をするようになったのは、そこに何か自分の理想に近づくきっかけがあったからなのだと思います。それで、「自分が憧《あこが》れていた職場は、自分の本質にまったく合わないものだった！」と気づかされる場合もあるのです。それでもいいのです。それに気づかずに辞めてしまうと、不満だけが残ってしまうと思います。「嫌な思いをしたけど、そのおかげで新しいきっかけをつかめた」、そう思えるようになるのが、今の目的なのだと思ってください。転んだらタダでは起きないことです。

すべて自分を飛躍させるきっかけに

基本的には、嫌な人は尊敬できない人物ですから、まずは「自分はあんなふうになりたくない、あの人と対照的な存在になるにはどうすればいいか」ということを学びましょう。基本的には嫌なところは、その逆のアプローチをすればいいわけです。

そうやって、ネガティブなアプローチから、ポジティブなアプローチを学ぶようにしていると、嫌な人とはいえ、見習える部分も発見できるようになると思います。そうやって、あなたが前向きに嫌な人や経験と取り組んでいれば、その姿を評価してくれたり、励みにしてくれる人も出てくるでしょう。

嫌な人や物事とは、必要な距離を置いて、客観的に捉《とら》えて、感情的にならないようにしましょう。まだまだこれから長い人生を渡り歩いていくのですから、**嫌な人も嫌な物事も、すべて自分が飛躍する**きっかけにしてください。

嫌いな人から嫌われることは気にしない

嫌いな人から嫌われることは気にしないでください。好かれなくたって全然かまいません。あなたは自分の最善を尽くして、それでも嫌な態度に出られたとしたら、そこからは相手の問題で、あなたはそれ以上手の尽くしようはありません。

どうしても耐えられないなら、そういう嫌な人とは絶対仕事をしないと誓《ちか》って、それを転職の決め手にするのもいいでしょう。「仕事はベストを尽くす」と決めて、気に入られようが何だろうが、「私の目標は、もっと高いところにあるんだから、嫌なことなんか気にしてられない！」、そう腹をくくれたら、あなたはそれで飛躍する心構えができたということです。あとはバンバン、嫌な人や嫌なことを、乗り越えていくだけです。

どんなに難しい人や状況でも、根気よく対応して、自分の意思を確実に相手に伝えて、肝心なところは、譲《ゆず》らないで意見を徹《とお》す。そうするには、どうしたらいいか、一番いい方法を捻出《ねんしゅつ》するためにメディテーションを重ねましょう。

相手の嫌なところは、自分の意見をはっきり伝えることで、中和されることもあります。嫌なことをされたら、何が嫌なのか率直に伝える勇気はあるでしょうか。その勇気があれば、嫌なものも、怖いものも、どんどんなくなっていくでしょう。

8

他人から向けられた悪意を浄化する方法

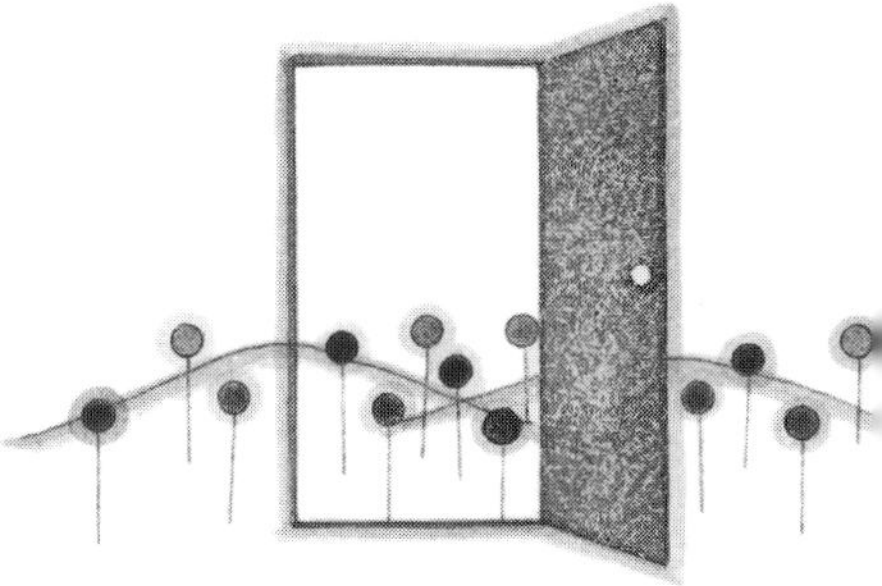

トゲトゲした人に出会ったら……

「いざ仕事を始めてみたら、職場はトゲトゲした人ばかり。修羅場《しゅらば》だった！」と気づいたからといって、その仕事を今すぐに辞《や》めるわけにはいかないなら、トゲを覚悟で、それを回避しながら、自分の目標にフォーカスして、頑張りましょう。

トゲトゲした人というのは、その人自身、いつもトゲにやられている人なのだと思います。それも仕事とはまったく関係ないところで傷ついている場合も多いのです。

トゲトゲした言葉、態度、目つき、何もかも気に入らないという態度で、トゲを振《ふ》りかざしてきそうな勢いの人と一緒に仕事をすることになったら、「トゲにはトゲを」ではなく、やはり**「トゲにも愛を」**で対抗してみてください。相手のトゲトゲしたエネルギーを、あなたの愛情のクッションで柔《やわ》らかく包んであげてください。そのトゲトゲ・エネルギーに、キーッとなっては、悪循環です。そして相手にささっているトゲは何なのか、それをどうやったら抜いてあげることができるかも、考えてみてください。

残念ながらトゲにやられてしまったとしても、仕返しにそのトゲを刺し返すのではなく、グサッとやられた気持ちは、トゲごと抜いて捨てましょう。そのトゲトゲした相手には執着しないことです。できるだけ、関わるにも限界がありますから。

悪いエネルギーや、悪意ある言葉は右斜め後ろに捨てます

ネガティブなエネルギーを他人からぶつけられたら、私はそれをそのまま、**自分の右斜**

め下、または右斜め後ろに捨てるようにイメージします。左側に送ると、そのことについてさらに考えてしまうのですが、右側に送ると、どうでもよくなって消えていってくれる感じがするのです。

または、そのエネルギーを自分の中から追い払うようにイメージして、**手であおって外に出してしまいます。**そしてさらに、ポジティブなエネルギーを取り入れるイメージのメディテーションをします。いつもお部屋にキャンドルやアロマ・オイルを焚《た》いて、香りも新鮮に保つようにしています。

悪意ある言葉でさえ、その悪質なエネルギーを浄化してしまえば、気にならなくなるものです。そしてそんな言葉を言ってくる人は、魂《たましい》的には関わらないと思うと、そんな相手のことなど、どうでもよくなってしまいます。いったんその相手との精神的な距離感が決まると、何を言われても反応しないようになるのです。

嫌《いや》なエネルギーを捨てるイメージの他にも、ネガティブ・パワーを水、ポジティブ・パワーを火とイメージして、**ポジティブな火をぼんぼん燃やして、ネガティブの水を蒸発させてしまう感じ**でメディテーションをして、ネガティブ・パワーに対抗したり、**ネガティ**

ブ．パワーを砂のように、吹き飛ばすイメージをするのも効果的です。

悪意に染まらない、振り回されない、見逃さない

悪意を投げかけてくる人が、一番望んでいるのは、こちらがそれに敏感に反応して、パニックになったり、やる気をなくしたり、不安がってくれることです。なので、それに対抗するには、まずは反応しないことです。気にもとめず、そのまま「天のゴミ箱」に捨てるような感覚で、捨ててしまいましょう。ネガティブな力に振り回されないで、それを吹っ飛ばすくらいのポジティブな力を出すようにしましょう。

「天のゴミ箱」は、私自身が愛用しているイメージです。すぐには解決できない問題や、行き場のないフラストレーションなどを、広大な宇宙に預けるような気持ちで、「天のゴミ箱」に捨てるイメージをします。その問題に執着しているのは、まずは自分ですから。忘れ去るわけにはいかない問題も、とりあえず「天のゴミ箱」に入れてしまって、もっといいタイミングが来たら、また取り出してきて対処すればいいのです。とりあえず今は考えても仕方ないのですから。

とはいえ、無視していても、知らないうちに影響されてしまったりすることもありますから、認識はしたほうがいいのだと思います。認識して、意図的に捨てる。悪意あるメールやコメントなんかを受け取ったら、「あっ、そうなの」と、そのままゴミ箱に直行です。その人への怒りとともに、すぐに処理して引きずったりしないようにします。

ネガティブ・エネルギーは「正直な言葉」に弱いものです

悪意や敵意をぶつけてくる人は、それを指摘されることに弱いと思うのです。たとえば自分自身が誰かに意地悪をしたとします。それを、「これイジワルでやってるんでしょ?」「嫌がらせはやめてね」「嫌がるって、わかってやってるんでしょ」とサラリと言われると、きっとドキッとすると思うのです。

「ムー!」っと怒っているときに、「だいじょうぶ? 相当怒ってる?」などと聞かれたら、「え? そんなふうに見える?」と、びっくりするでしょう。急に恥ずかしくなって、「いや、そんなことないです」と言ってしまうかもしれませんね。率直に、「そんなネガティブになっても、しょうがないんじゃない?」と言われると、圧力釜の蒸気が抜けるように、シューッとネガティブ・エネルギーが出ていくものだと思います。

なかには、逆上したり、キレたりするような、破壊的な表現をする人もいたりして、ネガティブ・エネルギー放出の仕方は、人によりさまざまです。でも、悪い膿《うみ》を出すためにも、正直な気持ちで突っつくと、たいがいシュンとしぼんでしまうものなのだと思います。

どんなに嫉妬《しっと》や敵意でネガティブになっている人でも、その人を優しい気持ちにさせる秘訣《ひけつ》があるはず。その人の好きそうなことを話題にして、優しい気持ちを引き出してあげるようにするのもいいでしょう。それが愛情で傷口を癒《いや》すということなのだと思います。

9

ネガティブな職場でポジティブに生きる方法

嫌《いや》な感じは、バンバンはね除《の》けていきましょう

誰がネガティブなエネルギーの発信源なのか、一目瞭然《いちもくりょうぜん》の場合は、心構えもしやすいのですが、誰ともなく、またはその場にいる皆から、イヤ〜な雰囲気が漂《ただよ》い出ている場合は、自分のまわりの空間だけでも清浄に保つようにするしかないです。

そこで働いている人全員が不満を持っていたり、ストレスでカリカリしていたり、ネガティブな空気の塊《かたまり》のような職場に、毎日挑《いど》まなければいけないこともあるかもしれません。競争が激しい職場は、いつもピリピリしているけれど、その仕事そのものは好きだし、その仕事で頑張りたいという状況の人もいます。

とにかく仕事を辞《や》めるわけにはいかないので、どうしてもその職場で生き残っていかなければいけない場合、嫌なことにフォーカスすると、さらにその嫌味が増強されて、ますます嫌になってしまいますので、その**嫌な感じをバンバンはね除ける**ことにフォーカスしてみてください。

どんなときも、自分の清らかな領域にいることをイメージすれば、ネガティブな空間からエスケープできますから。

カラーイメージとあいさつの力でポジティブに！

職場のプレッシャーやネガティブなエネルギーにすっぽり包まれてしまったら、まずは自分から発信するエネルギーをポジティブに変換することから始めましょう。自分が動揺していては、雑然とした、自分の外の世界のエネルギーに、対抗できませんから。まわりが混乱しているときほど、自分の中の世界は、冷静でなければいけないのです。

自分の中のエネルギーを、ポジティブなエネルギーに変換するイメージをしてください。**愛情のピンク、誠実さの白、情熱の赤、ビタミンカラーのオレンジ、魔法色のゴールド**など、色でエネルギーをイメージするのは、とても効果的です。

そして、とにかく明るい元気な声であいさつしましょう。あいさつするほうも、されるほうも、同時に元気になれるのですから。

「いいこと」にだけ反応しましょう

徹底的に「いいこと」にだけ、反応しましょう。先ほども書きましたが、ネガティブなことは、とりあえず気にしないで、右斜め下または後ろにどんどん捨てるように流してください。まずは自分がポジティブなエネルギーを発し続けなければ、他の人からのポジティブな反応を期待することはできませんから。

そして、誰に対しても感謝の気持ちを惜《お》しみなく伝えてください。感謝されて前向きになれない人はいないはずです。**「ありがとう!」「助かりました!」「感謝しています!」**

と気持ちを伝えれば伝えるほど、自分の中にポジティブなエネルギーが湧《わ》いてくるはずです。

自信がないときでさえ、「やってみよう！」という気持ちで体当たりするしかないのです。最悪、失敗したって、どうして失敗したか学べますし、それでさらに成功する方法を見出せるでしょうから。いいところを、どんどん拾って、そこを伸ばしていくことにフォーカスしましょう。

職場の不満に負けない！ 悩まない！ 反応しない！

職場で不満がいっぱいあったとしても、自分の魂《たましい》を蝕《むしば》んでしまうほど悩むことは、自分から避《さ》けましょう。自分が生きていくために、自分の魂を守るために、仕事をしているのです。

どんな仕事にも、つらいことはつきものですし、どんな仕事をしても、精神的にも肉体的にも消耗するものです。仕事のために生きて、仕事のために魂を捧《ささ》げられる、「天職」と呼べる仕事に就《つ》いている人でさえ、「この仕事のこういうところは大嫌いだ」と感じることがあるものです。他の人に対する不満は遮断《しゃだん》して、それに振《ふ》り回されないようにしましょう。どうしても、振り回されてしまうから、不満を感じるのでしょうが、人からの影響にフォーカスしてしまっては、自ら負けているようなものです。

この不満がなくなっても、新しい問題は出てくるものです

ネガティブに影響されないようにするには、とにかく反応しないというのが基本だと思います。「影響されちゃいそうだ〜！」と不安に思った途端《とたん》に、ネガティブなことに巻き込まれます。どんなときも、自分の道を切り開いていくことに専念して、自分の仕事をきっちりやることだけ考えましょう。そしてプライベートの時間帯は特に、当面解決方法のない職場での不満については、「天のゴミ箱」にポイして預けましょう。

職場での人間関係は社会の縮図ですから、どこにいっても苦手なタイプの人はいるもので、自分の人生において、自分はそういう人にどう対応していくのか、自分の出方を決めるといいと思います。自分を振り回す人をうまくかわして、自分の理想の道を突き進んで

いくことにフォーカスしてください。自分には必要ない人のことばかり考えて、ネガティブにならないようにしましょう。

「これさえなければ」「あの人さえいなければ」もっとうまくやれるはずとか、スムーズに仕事ができるはず、とは必ずしも言えないのです。今ある不満がなくなっても、また新しい問題が出てくるものですし、その不満があるから、それをはね除けようとしてパワーを発揮しているはずなのです。

不満を浄化する――ポジティブ・エネルギーを取り入れるイメージ

不満に負けないために、不満を浄化するパワーを、自分からどんどん出すイメージをしてみてください。自分は消耗しすぎて、もうパワーを出せないと感じるなら、**頭の天辺《てっぺん》に天窓《てんまど》があるイメージをして、そこから宇宙に充満しているポジティブ・エネルギーを取り入れる**イメージをしてください。

たとえばそれを色でイメージするのも効果的です。**金色は、命の活力**を感じさせてくれます。**純白は浄化作用の高いエネルギー、ピンクはネガティブなエネルギーを包み込む愛**

情のエネルギー、青は鎮静効果のあるエネルギー、といったふうに、これらの色で、自分の体内や、そのまわりの空間を染めるようなイメージをしてください。

そして、**「不満の原因がたくさんあるほど、取り組む問題がたくさんあるほど、自分は強くなれるのだ」**と自信を持ってください。不満を言いはじめたらキリがありませんし、どんどん惨《みじ》めになっていくものですが、不満の原因を根っこから絶《た》つことだってできるはずです。何かが機能しないとき、「やりにくいから、やらなくなる」という原因があるはずで、それを見つけて「やりやすい」方法に変えてしまいましょう。

自分でできる対応策を試してみて、不満の原因が取り除けないのであれば、思い切って、問題をまるごと取っ払ってしまうという方法もあります。できることはすべてやったのなら、それ以上は深く考えないで、フォーカスを他の発展性のあるものに移してしまいましょう。

身のまわりのちょっとしたものをアップグレード

ひとりでブックサ不満を言っている人は、「でも、でも、でも！」と、「でも」の連発で、悪循環を繰り返していないでしょうか。そうではなく、「とりあえず今はこれがベストで、それも仕方ない！」と割り切って、未来の可能性にチャレンジしましょう。「今」を堂々巡りして不満の塊になっている間に、自分のエネルギーは、どんどんネガティブになっていくのです。そのネガティブなエネルギーが、心を病《や》み、表情を歪《ゆが》め、皮膚や内臓までボロボロにしてしまうでしょう。

不満があったら、それは「ポジティブに変換する喜びの種」だと思ってください。抱えている不満を解決するために、今何ができるでしょう。小さなことから始めればいいのです。

たとえば、**「今自分のまわりにあるものをアップグレードする」**のもいいでしょう。自分が身につけるものや、使うものをアップグレードすると、自分の気持ちもアップグレードしたくなってくるものですし、さらに能力もアップグレードしたくなるでしょう。不満に埋《う》もれるのは、それを解決する方法や、次の目標が観《み》えないからです。

理想的な仕事をするには、転職するしかないと思う場合も、面接の第一印象度をアップするためとか、スキルをアップするために、あれこれ頑張っているうちに、今の職場でも評価されるようになったりするかもしれません。

私は仕事が一段落したときに、自分にご褒美《ほうび》を与えるようにしているのですが、**仕事がはかどらなくてストレスが溜まると、ご褒美を先に自分に与えてしまいます。**「こうなったらいいのにな〜」と思うことは、先行投資して自分でどんどんやってしまいます。とにかく待ちません。

徹底的に、**「これがないから、できない」という理由を断ち切ってしまいます。**そうやって、不満を新しいチャンスに変えるたびに、みんな活《い》き活き、きれいにもなっていけるのではないかと思います。

冴《さ》えない時期こそ、身体も浄化！

冴えない時期、ストレスでつい暴飲暴食しそうになることがあるでしょうか。

どうせなら、ネガティブなエネルギーとともに、身体も浄化してくれそうな食べ物を、積極的に食べたほうが得ですよね。

ヘルシーな食べ物をたくさん食べて、食べながらデトックスしてみるとか、冴えないエネルギーを一掃するために、水泳やジョギング、ヨガやピラティスをやってみるとか。今置かれている状況は代わり映《ば》えしなくても、すぐには改善できなくても、自分を内面から解放していくことはできるのです。

職場が冴えないからといって、自分も冴えないままでいなくてもいいのです。職場で楽しめないときは、私生活をしっかり楽しめるように意識しましょう。

通勤途中に何か楽しめることを計画するとか、必ず自分のペースで楽しめる時間と空間を持つことはできますから。勤務中、そんな余裕がないという人も、食生活、バスタイム、睡眠だけはしっかり充実させて、自分のエネルギーと身体をリフレッシュさせるようにしてください。

ほんの少しずつでも、ポジティブなエネルギーを蓄えて、ネガティブな職場のエネルギーに対抗しましょう。自分の中のエネルギーがポジティブであれば、真剣に悩むのもバカらしいような問題や、避けるしかないとばっちりなどは、ハッキリ観えてきますから、なるべく影響を受けないように遮断しやすくなるでしょう。人にストレスを与える人は、本人がストレスに苦しんでいるはずなのです。

どうしても自分が歪んでくるようなら、本気で転職を考えるチャンスが回ってきていると考えるのもいいでしょう。

「どうでもいいことは後回し！」

他人から言われた一言、上司や同僚の何気ない態度など、些細《ささい》なことがすごく気になってしまって、肝心なことが達成できなくなってしまうこともあるものです。他の人にどう思われるか、どう批判されるかなどを気にしすぎて、それに振り回されてしまっていないかどうか、チェックしてみましょう。

あるいは習慣的な思考パターンに振り回されていないでしょうか。自分が期待するパターンやタイミング通りにいかず、ヤキモキしてないでしょうか。計画通りに物事が進まないことだって、自然の成り行きなのです。自然な流れを観察して、そこから対応方法を考え直しましょう。

回り道だって「経験」というクレジットだと考えると、得をしているのです。

どうでもいいことに一喜一憂しすぎて、仕事に悪影響が出ないように、**「どうでもいいことは後回し！」**と、強く自分に言い聞かせましょう。自分の気分を害する「どうでもいいこと」は、気にしないことです。遮断しましょう。

「天のゴミ箱」と「どうでもいいことリスト」へ

嫌な言葉を受け取ったら、即「天のゴミ箱」にポイ捨てしましょう。仕事のやりとりで、何かを言われた際に、その言われ方が気に入らなかったとか、傷ついたとか、そんなことも、とりあえずは、どうでもいいことに分類して「どうでもいいことリスト」に入れてしまいましょう。

プライド、自尊心、競争心、嫉妬《しっと》などの私的感情の絡《から》むことも、いったんは、どうでもいいことにしてしまいます。仕事の場では、そこまで私的感情を注ぎ込むほどの価値がない場合がたくさんありますから。

職場で喧嘩《けんか》をしたとしても、激怒するようなことがあったとしても、あくまでも仕事のためなのですから、魂はそこから隔離しておきましょう。仕事のために相手を憎《にく》んだり、憎まれたりする必要はないのです。あくまで仕事に必要な結果を出すことだけが目的ですから。そのときはムカッと来ることでも、「どうでもいいことリスト」に、ぼんぼん放り込んでいるうちに、すっかり忘れ去ってしまえるものだということに、驚くかもしれません。

いずれクレームをつけようと思うことは、「もし10回以上続くようなら、クレーム」みたいなリストに入れてしまってもいいでしょう。とにかく、「嫌な感じ」は、さっさと切り捨てる。仕事の弊害になるなら、クレームとして伝える。このどちらかに分けてしまいましょう。

どちらでもいいことを聞かれたら、「どっちでもいいですよ。ベストだと思うほうに決めてください」と相手に任せるか「どっちでもいいですけど、こっちにしましょう」と即断して、曖昧《あいまい》なまま引きずらないようにしましょう。

ただし、「天のゴミ箱」に何回入れても、跳《は》ね返ってくるとか、飛び出してくるような感じがすることは、深刻な問題として、きちんと対処しましょう。その問題が魂を蝕《むしば》むくらい、悪影響を及ぼしているということなのでしょうから。そこまでいくと、その仕事を続けるべきか、その会社にいるべきか、そんな問題にまで発展する可能性があります。とにかく働く目的は「自分が幸せに生きるため」ですから、それが達成できているかどうか、よく考えてください。

本当に嫌なら辞めることも大事

働くことは生きること。幸せに生きるために働いているのですから、職場でのストレスが、魂を蝕んで、自分の性格や考え方まで歪めてしまうようでは、働くことは幸せにつながっていません。肉体を維持して生き延《の》びるためだけに働く、お金のためにだけ働き、精神と肉体を蝕み、自尊心を傷つけ、生きる希望に影を落とす、そんな仕事は思い切って辞めてしまうことも、貴重な経験になると思います。

仕事を辞めるのは大変勇気がいるものです。その勇気と覚悟が、もっと理想的な仕事への道を切り開いていくとも言えるでしょう。嫌々働いているのが、周囲の人にも伝わるようになってしまったら、なおさら「転職しなさい」というサインです。次の就職先のあてがないから辞められない状態にいる人は、意識を今の職場から離して、これから出会う理想の職場をイメージしてください。とりあえずポジティブなことを考えはじめましょう。

今あるダメなものを手放さなければ、出会えないこともあります

今の職場の嫌なことばかり考えるのを、まずはやめましょう。嫌なことでさえ、それに執着しているのは自分ですから、精神的に距離を置いて、嫌な要因からご縁《えん》を切っていくようにイメージしましょう。あなたを取り巻く嫌な要因は、あなたには関係ないのです。一生付き合っていく必要もないのです。そして、いつか本当に関係ないところに移動するのが、これからの目的です。

恋愛もそうですが、今あるダメなものを手放さなければ、次のチャンスに出会えないこともあります。転職するにも、それなりに準備が必要ですよね。精神的、経済的に、蓄え

も必要です。「今の仕事を辞めたい」と思っていても、自分がその準備をしないから、いつまでもその職場にいる。そうなると、その自己嫌悪からの苦悩は、実際の業務や人間関係よりもつらく感じるでしょう。

「本当に嫌なら辞めたらいいや」、そう考えることで、「自分が準備できるまで、もうちょっと頑張ろう」と思うモチベーションにしましょう。

column 3

疲れる会話対応法

悪気がないのはわかるけれど、ある人と話すと、すごーく疲れることって、ありますよね。言葉の端々《はしばし》がキツイ、何かと否定的、一方的、とっても寂しがっている人、ネガモンになってる人などがそうです。それでもうまく付き合っていかなければいけないものですよね。

私の場合、言葉の端々がキツイ人のことは、気にしないことにしています。私に対してキツイんじゃなくて、「誰に対してもそうなんだろう」と理解することにして、気にしないと決めたら影響力が和《やわ》らぐ感じがします。

否定的な意見しか言わない人へは、「あの人がダメって言ったことは絶対やり遂げよう」というモチベーションになって、最終的には感謝できることも多いです。または、「あなたに相談したら何でもダメって言われるから、もう相談しないわ」とストレートに言うと、ころっと反転して何でも応援してくれる場合もあります。

すごく寂しがっている人や、ネガモンになっている人と話すときは、その人が今置かれている状況を理解して、励ましてあげることで、本人が少しでも元気になってくれたら、自分も一緒に元気になれる感じがします。

一方的な見解で、会話を折りたたむような解決策を押し付けられるのもストレスになりますよね。私だって、疲れていたり、面倒だったりするとき、ついそうしてしまうかもしれません。たとえば、「こんな困ったことがあったの」と相手から言われたら、まずは「ああそう、大変だったわね」と聞いてあげる。このステップは外せないと思うのです。このステップを飛ばして、いきなり「じゃ、こうすればいいわよ」と、すべてにおいて答えを出そうとする会話もあると思うのですが、その答えが一方的で的外れだと、「だから違うんだってば」と、相手はよけいにストレスを感じます。会話って、解決策より、慰めや安らぎのほうが大事なことも多いですから。

会話することで、インスピレーションを交換しあえないのは、栄養のないものを、いくら食べても満足しないような感じと似ています。どんなに面白い話があっても、自分が疲れ切っていると、全然おもしろくないし、伝わってこないこともありますよね。ということは、やっぱり自分の魂《たましい》が満たされて元気でいるってことが大切なんですね。

4章

就職や転職がうまくいかないと悩んでいるあなたへ

10

「希望する仕事に就《つ》けない」「就職できない」とき

人生は、そのときのあなたに合った答えを出すものです

「希望している仕事に就けない」と悩んでいる人から感じられるエネルギーは、八方塞《はっぽうふさ》がりで内にこもったような感じがします。自信を失い、迷路に入り込んでしまって、目標も定まらなくなってしまう。そしてさらに、「とにかく就職しなきゃいけない」「就職できれば何でもいいと思っているのに、雇《やと》ってもらえない」と、焦《あせ》りや不安からパニックモード

になり、ますます自分の能力や長所、やる気などをアピールできない状態になるという、悪循環に陥《おちい》っているかのようです。

それとは違って、とにかくやりたい仕事を狙って、一生懸命努力している人たちのエネルギーからは、目標に向かって突進していく、迷いのない勢いが感じられます。壁にぶつかるごとに、断わられるたびに、いろいろ学んだり発見して、ポジティブにパワーアップしていけるのです。仕事に対する情熱や意気込みの強さに将来性を期待されて、採用されるきっかけになることもあるでしょう。

人生とは、本当に正直なもので、その時々の自分にピッタリ合った答えを出してくれます。または自分の在《あ》り方や置かれた状況が、良くも悪くも、そのまま結果に出てくるもので、それをネガティブに取るか、ポジティブに活用していくかは、自分次第です。「採用されなかったということは、私にとって何か違うってことなのかも」と考えて、新しく切り開いていける道を考えましょう。

目標がズレていないでしょうか

物事が思うように進まないとき、まずは目標がズレていないかを確かめるのが一番いいと思います。目標が高すぎても、低すぎても、自分を最大に活《い》かすことはできませんから。自分にピンと来ない目標に向かっても、勢いも意気込みも活力も生まれないものです。それでは自分をアピールしきれないと思うのです。自分の中の迷いや、中途半端に妥協するような気持ちは、雇用主にも伝わってしまうものです。

とりあえず就職したいだけだとか、その仕事を長く続けるつもりもなく求職していることは、隠せないと思うのです。たとえば会社や職種のイメージに憧《あこが》れているだけで、実際の仕事には向いていない人のことなども、雇用する側の人は、かなり正確に判断できるものではないかと思います。

自分の「やる気」が全開にならないような状況下で面接を受けるのは、自分にとって損《そん》でしょう。誰にでも直感が働きますから、感覚的に「ダメかも」「違うかも」ということを感じてしまって、力が出し切れないこともあります。

「仕事をする」ことが、「これが私の生き方」といえるくらい自然なこと、その仕事が自分の生き方に合っていることが理想です。仕事をすることで、ただ生活を維持していくのではなく、いろんな目標を達成していく活力をもらえることも、お給料をいただくことと同じくらい大切なことだと思います。

なかなか就職先が決まらないときは、じっくり自分と向き合うときだと思ってください。自分自身の本質と、自分の希望、理想、目標のズレについて、冷静に考えてみてください。「何かが足《た》りない」というサインですから。

実力が足りないなら、もう少し目標を下げてみるのもいいでしょう。短気にならないことです。自分はつねに、今の自分よりよくなっていけるのですから。軌道修正をしながら、確実に目標に向かっていってください。

思い通りにいかないときは、もっといい方法があるサインなのでしょう

私自身は、物事がうまくいかないときは、がっかりするのではなくて、**もっといい方法があるから、それを見つけなさい**というお告げだと考えるようにしています。すると必ず

最終的には、自分の想像よりはるかに良い結果を出せることになります。

就職活動がなかなかうまくいかないときは、何らかの条件が合わなくて、ピタッと物事が決まるサイクルから外れていると捉《とら》えて、コンディションを整えるような気持ちで、いったん自分をリセットしましょう。自分にピッタリな環境に出会えてないということですから。

夢の転職を実現させるには、タイミングをずらしながら、繰り返しトライするしかない場合もあります。このタイミングは数カ月だったり、数年だったり、いろいろでしょうが、必ず次のチャンスが来るはずで、それにチャレンジするための準備をして待つしかありません。そのチャンスを待っている間に、もっとご縁《えん》の深い仕事と出会う人もいます。とりあえず今じゃないってことなのかな、くらいに前向きに考えましょう。

ダメだったことは、後になってそれで本当にヨカッタと思えることが多いのです。何かがダメなときは、「もっといいことがある」というサインだと思いましょう。

どうしても就きたい仕事があるなら

何がなんでも就きたい仕事があるなら、根気よく繰り返しトライするしかありません。今すぐその仕事に就けないのも、あなたにとって何かプラスになる理由があるからでしょう。断わられるのも、ありがたいことなのかもしれません。こんなときには、**自分の根っこが伸びていっている**のだとイメージしてください。すんなりうまく就職できていたら、根っこがしっかり張る前に、なぎ倒されていたかもしれませんから。

恋愛や結婚相手もそうですが、就職も「あの会社に入りたかったな〜」と悔《くや》しく思うことがあったとしても、絶対その会社でなければいけない、ということはありませんし、自分らしく仕事ができる環境や、自分が才能を発揮しやすい職場というのは、他にもたくさんあるはずなのです。

思い通りの就職ができなくて、道をどんどん外していったら「天職に出会った！」という人もたくさんいますから。それでもともと憧れていた仕事が、自分の本質や目的に反するものだったと、やっと気づくことだってあるのです。

世の中が不況でも、どんなときも、視野を狭《せば》めるべきではないでしょう。結果が悪いように観《み》えるときでも、じつは自分も知らないような、もっと理想的な方向に人生が向かっているかもしれないからです。

真剣に幸せに生きようとしている人の人生は、必ずベストな方向に向かっているはずです。まずはそれを信じましょう。またはそう信じられるようになりましょう。

思い通りにいかなくてもそれを受け入れて、人生のチャレンジとしてさらに頑張りましょう。それで収穫を得るのは自分自身ですから。

つらいときこそ、眠っている力を発揮できるのです

つらいことを乗り越えようとするとき、人はふだん眠っているパワーを発揮することができます。面倒で避《さ》けていたことに取り組むしかなくなるところまで追い込まれるのは、ポジティブなことなのです。それをやったことで、問題が根こそぎなくなって、新しいチャンスに恵まれるでしょう。

採用を断わられるほど、「何でもやる！」という気持ちにスイッチが入りやすくなりま

すから、それをうまく活用して、それまでの自分には考えられなかった方向へと飛躍することだってできるでしょう。それによって新鮮さも感じられ、自分自身が生まれ変わるような体験だってできるかもしれません。ずっと後回しにしてきた資格を取ったり、起業する決心がついたり、またはまったく経験のない職業に飛び込む覚悟ができたり。移転だってありえます。

つらいときこそ、「自分に何ができるか」を、とことん追求してみてください。

回り道をパワーに

人は、その時々によって、「今の自分にちょうどいい仕事」というのがあると思うのです。アルバイトでも、パートタイムでも、自分が目指すレベルの仕事でなくても、仕事をとおして学びや発見があって、自分の理想のビジョンやアイデアを洗練するのに役立てることができるでしょう。

とりあえず生活のためにやっている仕事は、本当にやりたい仕事ができるようになるために、必要な準備をする自分を支えてくれているのです。「この仕事をずっと続けるのは嫌《いや》だから、もっと頑張ろう！」と思えたら、「嫌な仕事」でだって自分のバネになってくれます。そして「嫌な仕事」を一生懸命やる忍耐力は、本当にやりたい仕事ができるようになったとき、感謝の気持ちや自信となって、必ず自分を支えてくれます。「あんなに嫌だった仕事も頑張れたんだから、好きな仕事では絶対に折れないぞ！」と思えるでしょう。

自分の理想の仕事は、意外にも回り道したおかげで見つかったりもするのです。時には人生の流れに導かれて、やりたくない仕事をどんどんやってみることで、それまで気づかなかった長所や忍耐力、発想転換の方法などを発見できることもありますから。自分が伸び悩んでいるときは、思い切って逆境に飛び込むのが効果的だったりもします。

それまでの自分だったら考えられないような時間帯の、早朝や深夜のシフトにチャレンジしてみて、それまで使ったことのない、眠っているパワーを目覚めさせるのも刺激的でしょう。すべては自分の可能性を広げて伸ばしていくためのステップです。

最悪な不景気でも、運を切り開いていく秘訣《ひけつ》

仕事探しがうまくいかないと、すっかり自信を失って、自分が求めていた職業、キャリア、生き方をあきらめてしまいそうになることがあるかもしれません。世の中から疎外されたような気持ちになって、何にでも悲観的になってしまう人もいます。でも世の中が不景気であれ、どうであれ、やはり自分は幸せに生きていかなきゃいけないし、幸せに生きていくことをあきらめないでください。

やりたい仕事が決まっている人は、その仕事につながる道を探し当てるような気持ちで、間接的にでも関係のある職業を探してみましょう。「時間と労力」は誰でも提供できることです。時間を大切にして厳守する。しっかり労力を提供する。この二つのことをきっちりやれば、自分を必要としてくれる雇用主が必ずいるはずです。

自分が何をやりたいのか、わからなくなってしまった人は、少しでも興味の持てることを、経験のつもりでやってみるのはいかがでしょうか。とにかく仕事を体験して、自分を

刺激しながら、インスピレーションを活発にすることのほうが、すんなり希望の仕事に就けることより大事なときもありますから。あきらめて方向転換しても、回り回って、やっぱり最初に求めていた道に戻ってくる人もいますし、違うほうへ方向転換した途端《とたん》に、求めていた道がどんどん開けていったという人もいますから。

今の自分を最大限に生きることが、運を切り開いて行く秘訣です。自分には運がないんだ、チャンスが来ないんだとは考えないようにしてください。

自分の希望を優先しよう

仕事を探すときも、自分の希望を最優先することは「わがまま」ではありません。望みにこだわると、チャンスが少なくなるなどと考えないようにしましょう。どんなに妥協しても、最終的にはやっぱり自分の希望を満たせる職場に行きたくなるものです。最初から遠慮するのではなく、最初からストレートに望んで、それでダメだった場合は、遠回りしてもいいくらいのシナリオでプランしましょう。

理想の条件で働けるようになるには、実績を積むしかないのかもしれませんし、さらに勉強やトレーニングをしなければいけないのかもしれません。しかしそういった遠回りは、無駄な遠回りではありません。今の自分には無理な仕事でも、ずっと目標にしていれば、いつかどこかで、その夢を実現するチャンスが回ってくるでしょう。運が回ってきたときに、それをつかめるようになりましょう。

今できることから始めて、自分の情熱や夢との接点を忘れないでいれば、それがいつか、ひとつの仕事として形になる日が来るでしょう。その仕事というのは、今の時点では存在しないビジネスモデルなのかもしれませんし、必ずしも今の自分が想像できる職業ではないこともあるのです。

自由な魂《たましい》で仕事をするには、情熱を持って生きること、情熱的に仕事をすることが大切だと思います。これはどんな仕事であろうと関係ありません。魂が示す方向に進んでいく自由さのある人は、道なき道を切り開いてしまう力を発揮できる人です。

情熱があるからこそ、小さなきっかけを大きなチャンスにしていけるのです。愛と情熱はどんなネガティブさも、ポジティブさに変換することができます。

全力でぶつかってスッキリしましょう

自分の希望を叶《かな》えようとすればするほど、目標達成の難度が高くなっていくのは、悪いことではありません。それが自然ですし、そうあるべきです。自分が理想とする究極の目標と、叶えられる現実的な目標にギャップがあったとしても、小さな目標を重ねるようにして達成していけばいいでしょう。

不安に迷わされて、自分の希望を後回しにしていたら、何がしたかったのか、さらに迷ってしまうことになりますから。自信がないからと、楽《らく》なほうを選んでばかりいては、いつまでたっても手応《てごた》えのない人生で、それがストレスと自己嫌悪になってしまうでしょう。ダメもとでも、全力でぶつかって砕けたほうが、スッキリして、ネガティブ・エネルギーは消耗され、ポジティブ・エネルギーが生まれてくるのです。

自分の希望には忠実に。希望に添わないところを、改善していくことが、また新たなるチャレンジであり、楽しみでもあるのですから。

失敗ではありません

念願の仕事に就けたとき、後ろを振り返って、「あのとき、仕事が決まらなかったのは、自分の考えが定まってなかったからかな」と、納得できるようになるものです。

就職がうまくいかないのは、「失敗した」のではなくて、「軌道修正が必要」ということだと捉《とら》えてください。もっと自分をよりよく活かせる職場や職業があるはずだと信じてください。「あの仕事に就けていたら」なんて考えても意味がありません。

恋愛も同じく、「あの人と付き合えていたら」「あの人と結婚できていたら」なんて考えるのは無意味なのです。「あのまま付き合ってたら、きっと想像を絶する苦労をしていたんだろうな」「いずれはダメになってたんだろうな」と考えるのが正解なのです。

自分が自分らしく幸せに働ける場所、自分を活かしきれる職場は、何も今自分がいる範囲内にあるとは限りません。自分が想像できる範囲内にあるとも限りません。心をオープンにして、自分が活き活き生きられる環境を追い求めてください。**どんどん新しく、正しく塗《ぬ》り替えていく人生に失敗はないのです。**

11

転職のタイミングに気づく方法

物足《た》りないときは、次のステップへ

「今の仕事にやりがいを感じられない」「物足りない」と感じはじめたら、そこで生まれるネガティブ・エネルギーは、次にステップ・アップするためのポジティブ・エネルギーに変換しましょう。

同じ仕事を続けるにしても、もっとできることがあるということでしょう。いろいろな意味で余裕が出てきているということです。キャリア・アップのために学べることや、取れる資格があれば、そのために勉強を始めるのもいいでしょうし、仕事をとおして奉仕すると考えたとき、何か違うものを求めているのであれば、そのために転職する準備を始めるといいでしょう。

仕事をする理由は、最初は生きていくため、サバイバルのために始める人が多いと思うのですが、しばらく仕事を続けると、それ以上のやりがいを求めるようになるものだと思います。仕事をして、お給料をもらって、自分の生活を豊かにしていく以上に、やはり魂《たましい》的に満たされることが大切だと思うのです。

物足りなさを感じている自分には、ぽっかり空虚に感じている時間とか、余った時間があるはずです。その時間を情熱を持ってやれることに使いましょう。または自分にとって難しいチャレンジをしましょう。そうやって、今眠っている力を発揮させるのです。

新しい習い事をしたり、体を鍛《きた》えたりするのもいいでしょう。精神力と体力がパワー・アップしたら、同じ仕事をするにしても、今まで以上に精力的に取り組めるでしょう。それによって、それまで気がつかなかった仕事の可能性が観《み》えてくるかもしれませんから。

物足りないときは、ネガティブに考えるのではなく、どんどん新しいことを足して、ポジティブになってください。まさに、さらに強くなりたいという、自分の気持ちの現われでしょうから。

思いついたら、今すぐ取りかかりましょう。人生は短いのですから

何かやりたいと思いついたら、今すぐそれに取りかかりましょう。「すぐは無理」なんて言ってたら、いつまでたっても無理です。

今すぐやろうとしたところで、リサーチや準備に時間がかかって、実現するまでに数年かかってしまうかもしれないのです。その段階であきらめてしまうかもしれません。さっそくやってみたら、目標達成するには、相当な年月がかかることがわかった、なんてこともあります。「本当に今すぐはできない」と決めつける理由すら、わからないものです。「いつか時間ができたときにやろう」と思い続けていることに、終止符を打つことから始めましょう。

転職するにしても、今すぐ転職先を探しはじめて、しっかり時間をかけて準備をしまし

ょう。思いのほかすぐに、理想の転職先が見つかるかもしれません。なのに心の準備ができていなくて、それに飛びつけないこともあるのです。「後でまたやればいいや」というのは、やろうと思って頑張って、それでもやりそびれたときや、失敗したときに言うべきことだと思います。理想の人生を築き上げていくためには、挑戦や失敗も繰り返すでしょう。とにかく時間がかかるものですから、やりたいことは、先延《の》ばしにしないようにしましょう。

転職すべきでないときは、魂が教えてくれるでしょう

本当に転職するべきでないときは、魂が引き止めてくれるでしょう。

「怖くてとてもじゃないけど、転職できない！」という思いが本心ならば、それに素直に従いましょう。別に転職をあきらめる必要はないのです。魂が「今じゃないよ」と言ってくれているのです。なので自分のことを小心者だと責めないようにしましょう。

自分の魂が喜ぶような仕事、「天職」を手に入れるにも、まず自分がハッピーでないと

いけないのです。転職するときは、怖さも不安もない、根拠のない自信に守られているような心境でいるべきでしょう。「これがダメだったら、何でもするさ」。そんな気持ちになれないときには、転職しないほうがいいでしょうし、そう思える仕事でなければ、転職する意味がないのでしょう。

いろんな現実的な問題に流されながらも、自分の夢と目標を見失わないで、いつもそこに到着できるように、しっかり準備する努力をしていけば、夢の転職はきっと叶《かな》うはずなのです。

「転職したら幸せになれる」のではないのです

「あのとき転職していたら、今頃どうなってただろう?」。そんなふうにダラダラ考えるような人生にはしないようにしましょう。何回も転職に失敗して、それでも理想に向かっていこうとしたら、結局起業するしかなくなって、それで大成功したという人もいます。「思い通りにやってごらん!」という勇気を伝えていくことも、私たち人間の大きな使命のひとつだと思います。それを仕事でも果たせることは、純度の高い幸せです。

「転職したら、幸せになれる」というよりは、**今すぐ幸せになることを考えましょう。**夢の転職の準備を始めることが、幸せなのです。そして、夢の転職が叶ったときに、もっと幸せになりましょう。

あなたの本気が試されています

「転職活動に、かなり本気になったけど、やっぱり怖くなった」というのも、当たり前のことです。「すごく本気なのに、全然転職先が見つからない！」という時期が長く続いたとしても、「判断を間違ったのかも！」とは考えずに、**「自分の本気度を天に試されながら、最も理想的な仕事が現われるのを待っているからだ」**と考えてください。理想を叶えるという目標を忘れないようにしましょう。とりあえず転職さえできればいい、というのではありませんから。

「思い切って転職した先なのに、やっぱり納得いかない」という場合も、がっかりしないでください。夢の転職が完了するのは、まだまだ先のことなのでしょう。これからさらに転職しなくてはいけないとしても、ステップを踏んで前進しているということです。

そんなに簡単に達成できることなら、最初からできていたでしょう。難しいことにチャレンジしているのですから、根気よく頑張りましょう。そして後悔しないこと。夢はあきらめると後悔になってしまいますから。

本気というのは、なろうと思ってなれるところもあり、そうでないところもあります。本当に本気になっているときは、知らず知らずのうちに、いつのまにかそうなっているものです。

すぐ転職するつもりはなくても、どんな仕事があるか、求人情報をリサーチしてみましょう。自分の未来の可能性を探るつもりで。自分にとって本命のタイミングが来たら、ピン！と本気になるはずです。時期が来れば、それまでダラダラ、「本気にならなきゃ〜」と言い続けたことが、言霊《ことだま》の塊《かたまり》のようになって、「ゴン！」と自分の腹に据《す》わってくれることでしょう。「本気」という言葉を、ズッシリと自分の中心に感じられるようになるはずです。その日のために、「本気になるぞ〜！」と、毎日、自分に言い聞かせてくださいね。

頭の中で空回《から》りしていることは「天のゴミ箱」へ捨てましょう

「今の仕事を辞《や》めたい、転職したい。でもしばらくは辞められない」

そんなふうに答えがわかっていること、考えるだけでは解決しないことを、グルグルと思い悩んで空回りしてしまっているなら、それらの問題をいったんポイッと「天のゴミ箱」に捨ててしまいましょう。今自分で解決できないなら、人生そのものが答えを出してくれるタイミングが必ず来ますから。

希望の仕事に就《つ》けるまでの間だって、いろいろと考える時間を与えてもらっているのです。自分の思い込みで、そんなに理想的ではない方向に進んでいたのかもしれません。とにかく、「それでいいのか？」「もっと他にあるだろう」という忠告として、よく考えてみてください。「つながらなかったご縁《えん》」だって、自分次第で活《い》かせるのです。憧《あこが》れていた会社に入れなくても、他にも自分が活躍できる会社があるはずです。

私にとって、とっても便利な「天のゴミ箱」。くだらないことに執着して、大切なことをすっかり忘れてしまったりしないために、どんどん活用されることをお勧めします。

column 4

転職をイメージしたメディテーション

いつか転職したいと願っていながら、その方法や具体的な職種などがわからないとき、「こんなふうに仕事がしたいな」といったイメージで、メディテーション（冥《めい》想《そう》）をしてみましょう。「そう思ってたら、本当にできるようになっていた！」と言う人がたくさんいます。

イメージを持続するのは、最初はほんの一瞬でもかまいません。浮かんでは消えるイメージを、繰り返しつかみ取るように、脳裏に映し出してください。転職に対する望みや決意が固まるほど、そのイメージがはっきりしてくるでしょうし、メディテーションできる時間も長くなっていくでしょう。リラックスした状態で、理想の転職をイメージしてみましょう。入浴や散歩をしながらというのも効果的です。

毎日コツコツこのメディテーションを続けていると、それを実現するチャンスが回ってきたときに、さっと行動することができるでしょう。転職を阻《はば》んでいるのは、まずは自分自身ですから、自分の魂《たましい》を解放して、転職するためのポジティブな気持ちを育てるところから始めましょう。

5章

どうにもならない、つらい状況に陥《おちい》ったら

12

仕事や人生で、壁にぶつかったときの考え方

それは、方向転換のサインかもしれません

仕事で壁にぶつかったとき、そこで「行き止まり」と考えてしまうと、自分から可能性を絶《た》ってしまうことになるのですが、それを「方向転換のサイン」とか「軌道修正のチャンス」と考えて、突破口を真剣に探すと、必然的に答えが出てきます。

どんな出来事にも、自然に「落ち着く先」というのがあると思います。自分が自然体な

ままチャンスにオープンでいられるほど、まるで救いの手が差し伸べられているかのように、偶然の出来事が道標となってくれるでしょう。

それにきちんと応じて行動していると、自分では思いつかなかったような解決方法で、問題を乗り越えられるものです。「あのときの回り道がなかったら、今の理想の生活はありえない」。そう思えるようになることが、目標だと思うのです。

いつも新しい可能性やチャンスを受け入れるつもりで、**起こることのすべてを、「焦《あせ》らず、怒らず、不安がらず」ありのままに受け入れていくと、自分にベストな道が開けていくようになっている**と信じていいと思います。それがいつもできる人は、どんな困難にぶつかっても、それなりに絶妙のタイミングで、解決策にもめぐりあえるのです。

「ダメ」と言わないと決める!

「どうしたらいいかわからない!」という窮地《きゅうち》に立ったときほど、直感的にベストな方法を取れる本能が働くものだと思うのです。それを歪《ゆが》みなく正確に感知して行動できるかどうかは、自分の生き方に左右されるでしょう。

失敗することを恐れて、不安に迷わされて、ちょっと行き詰まっただけで、「ダメ」としてしまっては、「新しい出口」を見つけることができません。自分がやることすべては、必ず新しい可能性につながっていることを忘れないで、物事がうまくいかないときは、**「もっといい答えが見つかる」**という意味だと信じて、それを探し続けましょう。

「しっかり学びなさい、これからもっと成長できますよ」ということなんだと思えば、マイナスが出たのをきっかけにして、そこからプラスに変えていくことができます。ダメだと思っているのは、失敗を恐れる自分だけ、だったりすることもありますから。

自分で出した「ダメ」が重なって、新しい可能性への道を塞《ふさ》いでしまうどころか、自己嫌悪や自信喪失の迷宮を創り上げてしまっているかもしれません。「ダメは言わない」を課題にして、「今はダメでも、将来的に可能になるかもしれない」という希望は捨てないでいましょう。

ある日突然、グーンと成長している自分に気づくものです

いきなり成功しなくても、いきなり大失敗しても、かっこ悪くても、思い通りにできなくてもいいから、とにかくやりたいと思ったことに挑戦することを、億劫《おっくう》がらないでください。そのために必要な勇気や勢い、精神力、行動力を発揮することだけでも、まず大きな収穫なのですから。自分さえあきらめなければいいのです。いつか理想に近い成果を出せる日が来るのを夢見て、何度でもトライできることそのものを「生きがい」にできれば、それで半分は夢を達成していることになります。

苦手とわかっていることでさえ、自分の最大限の努力を尽くして、ちょっとでも伸ばしてあげてください。何もしないのとはまったく違いますから。「できない、できない！」と思いながら、何度も繰り返しやっているうちに、ある日突然、グ〜ン！と効果が出ることがありますから。

私たちには、**「マッスル・メモリー」**という筋肉の記憶力があります。頭では全然ついて行けてないと思っていても、筋肉がそれまでの努力を、すべて吸収してくれているはず

なのです。そしてある日突然、それまでの努力が、結果として現われはじめて、まるで奇跡でも起こったかのように、不可能だと思っていたことが、可能になるのです。

まずは自分をスタート・ラインに立たせましょう。できないことにチャレンジするのは、自分のライフ・ワークだと思いましょう。そうやって、一番苦手とすることに取り組んでいるうちに、まったく意識していなかったところで、新しく発掘された才能が出てくるかもしれません。今の自分の一番最高なところや、限界を感じるところを刺激しましょう。これは自分にしかアクセスできない領域ですから。

いい加減な仕事の仕方は、あなたの魂《たましい》をすり減らします

自分はこの仕事のプロなんだから、どんな問題にもチャレンジして対処するのが私の役目。そういう勇敢な気持ちで仕事に取り組んでいきましょう。

いい加減に仕事をしていると、どんどんすり減っていくのは自分です。自分の魂をすり減らしているのですから。魂が求める生き方や、魂と直結した仕事の仕方というのは、「この仕事ができて、本当に救われる」、そんな気持ちにさせるものです。だから無意識の

うちに夢中になれるし、真剣になれるのです。

仕事をしながら、自分の中心である魂と一体化した時間が過ごせるようになれるかどうか、それは自分次第だと思います。自分がベストを尽くして、それでも思ったような成果が出せなかったら、それはそれで、またそこから新しい方法を考えたらいいのです。新しい仕事を見つけるのもいいですし、さらにベストを尽くすために、よりよい仕事との取り組み方を考えるといいでしょう。

「自分じゃなくても、他の人でも務まる仕事。でも私がやらせてもらう限りはベストを尽くす、それが私の生き方だから」。そうキッパリ言えると、気持ちがいいですし、それがそのまま、人生の結果にも出てくるでしょう。少なくともその気持ちや姿勢は、あなたと接する人すべてに通じるはずです。それを言葉や態度で評価してもらえても、もらえなくても、自分の知らないところで、あなたに感謝する人がたくさんいるでしょう。

頼もしく仕事をする姿が、人々の魂を元気にするのですから、それだけでも大きな仕事をしていることになると思うのです。

停滞期は、根っこを強化している時期

人生で転んだときに、「どれだけ早く起き上がれるか」、「より力強く再スタートを切れるか」は、「どれだけうまく生きられるか」よりも大切なことだと思います。

人生を植物の生長にたとえると、実や花だけが収穫とはいえなくて、しっかり根っこを張り、苦境に立ったときほど、グンと成長して才能を発揮できる自分をつくっていくことも、大きな収穫ですよね。仕事をするにあたって、調子が悪いときだって必ずあるものです。それも根っこを強化している時期だと考えましょう。今の状態のまま続けていくのは無理なので、「コンディションを整えましょう」というサインかもしれません。

停滞期を感じたら、自分の奥深くを観《み》つめてください。新しい興味や能力が芽生《めば》えはじめているかもしれません。それまで見過ごしてきた疑問について考えるときが来ているのかもしれません。業界全体が冴《さ》えないときでさえ、才能を発揮して成果を出せる人はいますから。

思い切って、一番やりたくなくて避《さ》けてきたことを、やってみるのもいいかもしれませ

ん。それだって新しい価値やアイデア、可能性などを見出すきっかけになるでしょう。「こんな退屈な仕事、絶対できない」と思っていたのに、やってみたら意外と気を使う仕事だとわかったり、単純そうな仕事も実際やってみたら、けっこう複雑だったり。停滞期だからこそ、新しい発見があるものなのです。

停滞期を感じるときは、止まっているのではなくて、発掘して吸収する時期なのだと考えたほうがいいでしょう。自分のエネルギーにしてもそうです。力が出ないと感じるときは、自分の中に眠っている力を目覚めさせ、または休養してエネルギーを吸収する。

ペースを落とすことに、自己嫌悪を感じるべきではないです。自分が生きるペースは、自己管理するしかないですから。無理してプレッシャーや焦りに負けてしまっては意味がないですよね。

13

逆境こそチャンスです

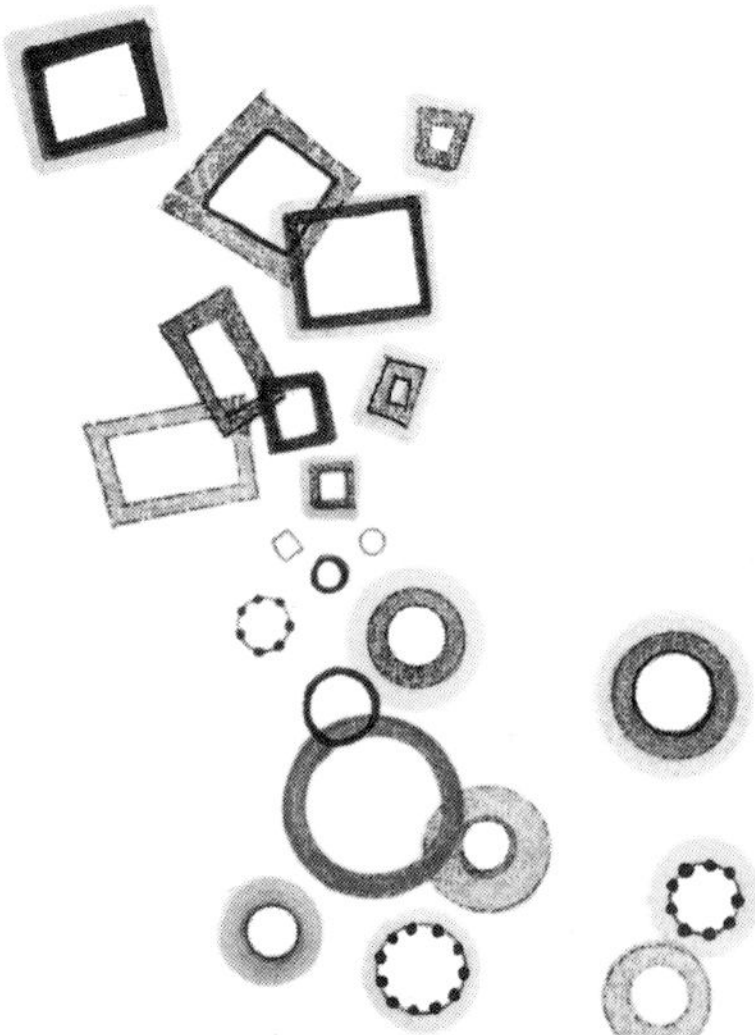

あなたに実力があるから、つらいことが起こるのです

「大きなミスをしてしまった」「仕事先で理《り》不《ふ》尽《じん》なことを強要された」「目標に届かない」など、「逆境」を乗り越えるというと、無茶なことや、不利なことに立ち向かうようなイメージを持つ人もいるでしょう。

私は「逆境」は人が飛躍する、それもワープするような勢いで、急成長する最高のチャンスだと思います。

どう考えても、問題を乗り越える条件がまったく揃っていないとき、どこから手をつけたらいいかわからないときほど、人は真剣に考え、未知を探る直感が冴《さ》えます。どうせ白紙から自力で取り組むのですから、理想を高く持ちたいですよね。それまでこだわっていたことを捨てて、前代未聞《ぜんだいみもん》の新しい発想を試す勇気も出やすいでしょう。

目的はひとつ、「逆境を突破」することです。「それができる」と、まずは自分が信じること。何がなんでも突破するのです。

ネットなどでリサーチすれば、同じような問題を乗り越えた「同志」たちが、世の中にたくさん存在していることを知るようになるでしょう。その人たちは、それこそ「魂《たましい》の同志」たちです。

逆境は乗り越えるためにあります。そして自ら逆境に挑《いど》むことを選ぶのは、ばかげたことでも、損《そん》なことでもありません。あなたの魂が、ここで大きく変遷したいと求めているということです。あなたにそれを可能にする実力があるから、その運命を受けて立っているのでしょう。逆境というネガティブな状況を乗り越えることで、大きな転機となり、ポジティブな新しいサイクルが始まるのです。

逆境をチャンスに変えるのは、魂のこもった行動だけ

逆境にいるとき、焦《あせ》りや不安で投げやりな気持ちにならないように、自分の心と闘《たたか》ってください。壁にぶつかったときと同様、こういうときほど丁寧《ていねい》さと親切さに気を配って、仕事をしましょう。あきらめそうになるときほど、慎重に直感を働かせないといけないのです。中途半端に仕事をして、それが裏目に出てしまったら、さらにチャンスを逃《のが》してしまいます。

逆境をポジティブなチャンスに変えられるのは、魂のこもったあなたの行動です。魂的に通じる人と、将来の可能性を生んでいかないといけませんから。もともとは丁寧で親切な人なのに、置かれた状況によって、荒れ狂ってしまう人もいますが、それでは損をするだけです。また、自分をそうさせる環境や人間関係は、自分にとっていらないものなのだと認識してください。

逆境のときほど、落ち着くようにしましょう。今の時点でマイナスになっていることも、将来へ根っこを生《は》やしていると考えて、そのひとつひとつのプロセスを大切にしましょう。自分という基盤が狂ってしまっては、台無しになってしまいますから。

丁寧に親切に、魂を込めたものは、自分の知らないところで、力強く育っていってくれるものです。後になって、予想もしなかったようなところで評価され、芽生《めば》え、成長していってくれたりするものです。

自分が変わってみることも、方法のひとつ

状況を反転させられないなら、**自分自身が変わる**という方法もあります。

マイナスの条件が揃っているなら、その条件をうまく活《い》かせる方法を考えましょう。何にでも効果的な活かし方があるはずなのです。問題だと思っていたことも、自分が気にしなければ、まったく問題でなくなることもあります。マイナスだと思っていたことを、プラスに活かそうとすると、それが新しいチャンスになることもあります。

ひとつの場所でうまくいかなかったのが、場所を変えたらびっくりするほどうまくいっ

た、ということもあるでしょう。時間をかけるしか、状況が変化しない場合もありますから、とにかく焦らないでください。問題というのは、自分が「ない」と思えばなくなってしまうことも多いので、そんなことで片付くものは、どんどん片付けて、最も重要な問題に集中できるようにしましょう。

逆境のときほど直感が冴えます

人は、困ったときほど直感が冴えるものです。ですから、困惑する感情を集中力に変換して、一番正しい答えを求めて、直感のアンテナを張りめぐらせましょう。

「ああどうしよう！」と頭を抱え込んで、絶望的になっては、直感のアンテナを邪魔してしまいます。困ったときほど心を開き、しっかり深呼吸をして、お散歩にでも出かけましょう。

どうしていいかわからなくて、お先真っ暗な感じがしたら、まずは「**これについては、あとでメディテーション（冥想《めいそう》）しよう**」と自分に言い聞かせてください。必ずいい答えが見つかるはずです。それを待つのが自分の役目です。突破口は自分がこれまで、うっかり見落としていたところにあるかもしれません。これまで避けて来たことなのかもしれません。どうしようもなくて、解決の糸口をまわりの人に聞きまくるというのも、いい方法です。

私は、パッと直感で答えが出ない場合は、**「Dear. Universe、私にとって一番いい答えをください」**とお祈りします。直感で答えが出ているのに、自分が感情的になって、混乱してしまう場合もありますから、お祈りをいったん宇宙に飛ばしたら、判断を預ける感じで、私的な感情から距離を置いてください。

直感が働かないとき

逆境のときほど、直感力が冴えるのは確かですが、気が動転しているのと、体力と精神力を消耗していることもあって、悪い判断をしてしまうこともありがちです。

慌《あわ》てているときほど冷静に。そして、「ダメだったらどうしよう」とは考えないことです。ダメなときは、どうせダメなんですから、そうなってから考えましょう。今は可能性だけを追い求めましょう。**窮地《きゅうち》に追いやられたときは、必ず新しい可能性のドアが、そ**

の近くにあるのです。

直感が働かなくてボーッとした感じがするときは、いったんアンテナを引っ込めましょう。そして、そのうち必ず直感が戻ってくると信じて待ちます。**「絶対にピンと来るはず。それまでは、あれこれ考えない」**としましょう。

そして、直感でダメそうだと感じるときも、慌てないようにしましょう。ダメとなったら、その次どうするかを予想するのです。

どうしても邪念が働くときは、歩きながら直感を働かせるのもいいでしょう。水泳したりするのも効果的です。逆に、雑音の多いカフェなどで座って、直感を働かせてみるのもいいでしょう。自分を邪魔しているのは、自分の雑念ですから、それを遮断《しゃだん》してください。紙に何かを書きながらとか、お料理しながらとか、お掃除しながらとか、何かしながらのほうが、雑念を遮断しやすい人もいます。

期待が大きすぎると、直感は曇《くも》ります

直感の最大の敵は、自分勝手な期待や憶測《おくそく》です。夢、期待、切望、直感は、きちんと識

別してください。自分勝手な期待が大きすぎると、ごちゃ混ぜになってしまいます。「直感が働かない」「魂の声が聞こえない」という人は、**「まったく何も期待しない」**ということに、しばらく徹してみるのもいいでしょう。または、**「今は何も変えたくない。何も変えられない」と思った途端《とたん》に、「いや、それじゃヤダ！」と、焦って直感が働き出すかもしれません。**

期待が膨《ふく》らんだ途端に、心臓がドキドキするなど、肉体の反応が強く現われますよね。すると感情的にも舞い上がってしまいがちなので、冷静に真相を判断することができなくなるのだと思います。

いったん自分の感情を静めさせたら、現実的に必要な条件について細かく分けて、それができているか、今の行動が目標達成につながっているか、直感を働かせてください。そうすると、自分の切望から少し距離を置いて、冷静に直感を働かせることができるでしょう。

私は、「どんな相談にも表情ひとつ変えない」と言われることがありますが、直感だけで物事を判断するとき、**魂の微妙な反応を読み取る**ことにフォーカスするので、動揺しなくなるみたいです。

「今のままでは無理」なだけ

直感的に強く「無理」と感じるとき、たいがいそれは正解なのだと思います。でもそれは、「今のままでは絶対無理」ということです。なので、どうして無理と感じるかを追求して、別の方法で逆境を乗り越える可能性について考えましょう。

直感的に絶対無理だと感じているのに、それでも直進しようとすることもあるでしょう。それは「無理」ということを納得したくて、そうしているのかもしれません。何でも努力で強行突破する人ほど、試しもしないであきらめるのは嫌《いや》でしょうから。それは悪いことではありません。そうやって、奇跡的に不可能を可能にしてしまう人もいます。または完全にダメだと悟ってから方向転換できたほうが、勢い良くスタートを切り直せるようになります。逆境も運のうちで、これを幸運にするには、文字通り、現状を逆にひっくり返すイメージで挑《いど》みましょう。

条件は揃っているのに、不安だけが原因で、「ダメかもしれない」と感じるときは、目標達成できる可能性は充分あるのだと思います。

どんなに条件が揃っているときでも、何らかのアクシデントでダメになってしまうことがありますから、不安を感じるのは、「つねに慎重に」という忠告でもあります。緊急時を直感で乗り越えなければいけないときは、細かいことひとつひとつを直感で判断して、「ダメ」と感じないほう、「絶対大丈夫」と感じるほうを選択していきましょう。

「不安よ、なくなれ！」。そんなふうに唱えるのも効果的です。不安にがんじがらめになって動けないときは、願いが叶《かな》うように、ひたすらお祈りでフォーカスしてください。

どんな方法でも、どんな遠回りでも、逆境を乗り越える覚悟をしたら、また直感が働きはじめるようになるでしょう。自分が本当にその目標を達成したいのかどうか、それが定まってなくて、直感が鈍くなることもありますから。

自分の覚悟を固めるのに、時間がかかってしまうこともあるでしょう。でもそれだって、必要なステップなのです。基本的に不安を感じることは、問題が多いという予感なので、その問題が何で、それに対応できるかどうか考えましょう。

14

困ったときの「やる気」&「直感力」アップ法

「やるって決めたんだから、やる」と決心

仕事をしていくこと、生きていくこと、そのうえで自然発生するいろんな逆境は乗り越えていくしかないわけで、逆境に見舞われるたびに止まってしまうわけにはいきません。

思いっきり落ち込むようなことがあっても、そこで力強く、次のステップを踏むためのエネルギーを、溜《た》め込みましょう。

「なんでわざわざ、こんな大変なことをするんだろう?」と思うときも、**「やるって決めたんだから、やる」**ということにします。

ずっと望んできたことに取りかかろうとした途端《とたん》に、状況が悪くなってしまうこともあります。**「でも、ずっとやりたかった、その気持ちは確かだし、今やるのも後でやるのも、大変なのは一緒だから、やってしまおう!」**。そう考えて、「大変、大変!」と言いながらでも、やり遂《と》げてしまいましょう。まるでリハーサルのように、最初に何度も繰り返してやっと、ピン!と来るようになることもあります。

なかなかうまくいかないときも、どうすれば本当にできるようになるかを学んでいるときなので、根気よく頑張りましょう。まずは、やらなきゃいけないことをリストにして、「やるしかない」と決心します。そして、逆境の中で目標を達成するお祈りのメディテーションをします。いったん本気のゾーンに入ったら、作業に夢中になれるので、そうなれば楽《らく》です。

本気ゾーンへの入り方

やるべきことは決まっているのに、本気のゾーンに入れないときは困ります。
そんなとき、私は、次の5つの方法を試しています。

❶――「アロマ」でやる気をアップ

本気ゾーンに入れないとき、私はお気に入りのアロマ・オイルを手首に塗《ぬ》って、手を合わせるようにして、手首の香りをかいで、深呼吸をします。首の動脈にオイルをつけることもあります。そうすると、脈のリズムに乗って、やる気のパワーが発生する感じがするのです。そして薄着になって、風通しのいい場所に座ります。まわりの空気が滞《とどこお》っていると、自分も滞る感じがするからです。

私自身は、たとえば夜中まで仕事が続いて、それでも終わらず、どうしても仕上げなければいけないときは、ポーチや裏庭に出たり、窓際に座って、外気にあたりながら仕事をすることもあります。すると眠気が吹っ飛んで、集中力が湧《わ》いてくるのです。

空気の流れの悪いところでは、扇風機を使ったり、アロマ・キャンドルを焚《た》いたり、器に水をはったり、室内用の噴水などを使って、火や水のエネルギーを通わせたりすることもあります。

❷――「食事」で集中力を高める

食事をする際は、自分を疲れさせる食べ物は避けたいです。食物アレルギー反応からくる動悸や消化不良、脂っこいものや、乳製品、加工食品、お砂糖の摂り過ぎは、集中力を妨げ、気分が落ち込んだりする原因になります。気合いを入れるためのコーヒーが、ストレスや不眠の原因になったり。集中力を発揮するためにも、前向きな気持ちを維持するにも、自分に合った良質の食材をバランス良く選んで、自炊できるのが最も理想的です。食事は体調に直接影響するので、忙しくてもキープできる「魂栄養食」を自分のために用意してあげてください。私のお気に入りは、ケールとバナナと生姜とカシューミルクのスムージーです。

❸——忙しいときほど「おしゃれとエクササイズ」を

仕事が大変なときほど、おしゃれをしたほうがいいと思うのです。どうしようもないスランプに落ち込んだら、気分転換にお洋服を新調したり、仕事の手を休めて、休憩しながら自分でネイルケアをしてみたり、フェイシャルをやってみたり。忙しいときほど、無理に時間を作ってエクササイズをすると、新しいパワーが湧いてくる感じがします。自分がパリン！と新鮮な気持ちになれることが大切だと思うのです。すべての原動力は自分から湧いてくるのですから。

❹——やる気が出ないときは「先のことを計画」する

今これをやらなきゃいけない、でもやる気が湧かない、そんなときは、先のことを考えましょう。次のステップのことを考えて、**「今これをやらなきゃ次に行けない、今の状態に留まりたくない、だから何がなんでもやるんだ！」**と気合いを入れます。先のことを計画しながら、これからやりたいことについてリサーチしていれば、だんだんやる気も湧いてくるでしょう。

❺──2分でできる！

「2分でできる！」と言い聞かせる方法も効果的です。

やらなきゃいけないと思いながら、ずっと手つかずのこと、面倒くさくて放ってあることも、**「ちょっと2分だけやってみよう」「2分でできるから」**そんな軽い気持ちで取りかかると、本気のゾーンに入って、やり遂げてしまうこともあります。

さらに15分だけ、30分だけ、そんなふうに、時間を制限して取りかかるようにすると、やる気になれなかったことを、やってしまえるようになります。短時間、集中してみましょう。

これは、人にやる気になってもらうのにも効果的です。お願いしている仕事を全然やってもらえないとか、いつも後回しにされるうえに忘れられてしまうようなことが続く場合、「これは○○さんじゃないと、どうしてもダメなことなんです。2分だけ、ちょっとお願いします！　2分でできますから」と、その場で取り押さえてやってもらいましょう。

もちろん、2分のつもりが2時間になることもあります。でもとにかく目標達成できればいいのではないでしょうか。

やる気を出すきっかけを作るのは、2分で充分。「本気のゾーン」に入れさえすれば、あとは自然に頑張るようになります。

15

仕事上のトラブルが続くとき

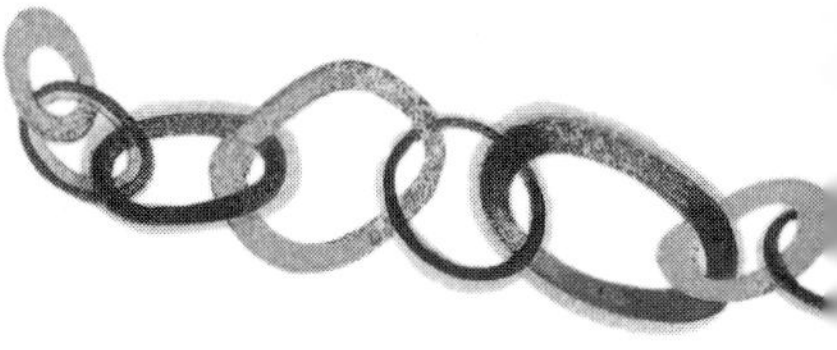

トラブル解決の専門家になりきる

最初からトラブル続きの仕事は、満足のいかない結果になることも多く、「もう二度とこんな仕事はしないぞ！」と学ばされるためにあるような、そんな感じがするのも確かです。トラブルは避《さ》けるに越したことはありませんが、とはいえ、避けてばかりいられない場合もありますよね。

トラブルが続くときも、決して不吉な意味には捉《とら》えないで、そのトラブルを乗り越えるために、自分の力量を発揮するときだと思いましょう。人生にトラブルはつきものです。トラブルを乗り越えるために頑張るから、いろんなことを発見したり、経験したりできるのです。

たとえば、自分は**トラブルを解決する専門家**だとイメージしてみてください。トラブルを解決するのが仕事、自分を困らせるトラブルとして観るのではなく、観点を変え、自分が学ぶチャンスに変えていきましょう。感情は切り離して、トラブルというネガティブなことを、状況改善や、そのノウハウを得る、ポジティブなことに変換してしまいましょう。

トラブル続きのときは、運気が落ちているなどと不吉には考えないで、問題になる原因がたくさん出てきているので、それを**チェックして改善する時期が来ている**のだと考えましょう。実際、手に負えないほどのトラブルが続出する場合は、他の方法を考えるしかないのかもしれません。それを決断する勇気と行動力が実績となっていきます。

どんなときも、自分の運気が悪いということではなく、浄化の時期に来ていて、全ては厄《やく》払いのため、くらいの気持ちでいてください。より理想的な状況にしていくために、ポジティブに方向転換するステップを踏んでいるのだと考えましょう。トラブルと自分の運気は結びつけないように。自分だけが悪いとは考えないでください。

一気に片付けようとしない

「こんなことになって、もう嫌《いや》！」。そんな嫌悪感にとらわれてしまっていては、解決策を見出すことにすら、消極的になってしまいます。トラブルに見舞われたら、開き直って取り組みましょう。そして、あきらめないことです。トラブルを解決したときの達成感は、純度の高い幸せですし、自信にもつながっていきます。

悪いことが重なってトラブルになっても、時期をずらせば、スムーズに解決できることもあります。トラブルに巻き込まれて、何もかも嫌になって、すべてをやめてしまいたくなる人もいますが、そんなときはしっかり休憩してください。

一気に片付けられるとか、一気に解決しないといけないとは、思わないようにしましょう。焦《あせ》って無理をして、空回《から》りするのを避けます。根気よくトラブルを解決しながら、前進していきましょう。ひとつのトラブルを解決したら、また新しいトラブルが発生するというのも、自然なことです。人間のやることには、必ず不都合が発生するものですから。

その時々に必要なだけ修正していくしかないですし、こまめにチェックしないと、また同じトラブルに見舞われることになります。トラブルをネガティブに捉えないで、ポジティブに自分の発想や根気を発揮するチャンスに変えて、勝負に出てください。トラブルがあったことで、後になって、「あのときに気がついてよかった！」と思えるようになりましょう。

自分を浄化すれば、なくなってしまうトラブルもあります

トラブルというのは、自分が余計なことをして、作ってしまう場合もあります。考え過ぎや、気の使い過ぎ、またはその逆など、よかれと思ってしたことが、トラブルの原因になってしまうことがあります。または一緒に仕事をする相手との相性で、タイミングのズレなどで、相手のためにと思ってやったことが、全部裏目に出てしまうこ

ともあります。そんなときは、自分をリセットしましょう。

深呼吸をして、焦る気持ちを静めて、相手の出方を確認してから、こちらの出方を決めるとか、リズムが合ってくるまで、相手の要望を聞くことにフォーカスしましょう。

自分はトラブルだと思っていても、他の人は全然気にしていないこともあります。苦悩しているのは自分だけだったりして、まわりの人に苦情を言っても、相手にされないこともあるでしょう。自分が気になっていることが、みんなのためにも、改善するべきことであれば、きっと協力を得られるでしょう。

皆と同じように、自分も気にしないようにするのが一番の解決策のこともあって、そういうときは、まわりの人から学ぶのがいいでしょう。いちいち気にしていると、トラブルばかり作って、解決できない問題が山積みになることもあります。

現実的な解決策がある、同じように困っている人がいる、まわりの人に理解と協力をしてもらえる、そういった場合は、前向きにトラブルを解決するために頑張ればいいでしょう。

でも、問題視するべきじゃないトラブルがあることも忘れないでください。たとえば人の本質や物事の自然な流れに不満を感じる場合、人や物事の本質的な部分を変えようとするのではなく、どうやってトラブルを回避するかを考えましょう。

職場でネガモンに囲まれているとか、キツイものの言い方をする上司がいるとか、そんな場合、それを変えようとするのは、その人たちがそうなった理由を改善しないといけないので、とてもじゃないけど手に負えません。なので、みんながネガモンになってしまう理由について考えて、自分がネガモンにならないためにできることを考えましょう。「あの人は、キツイ言い方しかしない人なんだ」と心構えすると、逆にその人の意外とキツくない部分が気になってきたりしますから。自分の受け入れ態勢次第で、感受するところや、観えるところが変わってくるのです。

人の性格やものの言い方は、本人の自覚と努力なしには改善されません。キツイものの言い方をする人にも、魂《たましい》や真心はありますから、そことコミュニケーションできるかどうかが、問題を回避する鍵になってくると思います。そのために、自分は寛容で、前向きでいましょう。

自分の中のトラブルに対するネガティブな思いを浄化してしまったら、それまでトラブルだったことが、消えてなくなってしまうこともあります。大した問題ではないことに、こだわってしまっていないか、気をつけましょう。

「何もしなくてもいい」とき

時には、物事がどうしても動かなくなることだってあります。たとえば、さっさと転職したくてもできないときは、「しないほうがいい」ということなのでしょう。天災に見舞われたときのように、どうしようもないときは、待つしかありません。どうしたらいいか、わからなくて、立ち往生する自分を責めないようにしてください。「どうしたらいいか、わからない！」という状況が真実であり、本当の答えなら、それを隠すことも、それ以上無理することも、解決策にはつながっていかないのです。

最悪どうしようもなくなって、会社をクビになったとしても、それで新しいチャンスが開けたということなのです。それで問題そのものが解決しているのです。

自分が問題解決できないのは、自分だけのせいではないかもしれません。自分自身はべストを尽くして、臨機応変にオープンに問題に対応する覚悟をしても、それでも解決できないこともあって、それは自分の手に負えないということですから、解決策はどこか他からやってくるのでしょう。**「つらくても我慢して待つ」というのが、答えのときだってあります。**そういう時期があるのも自然なのだと思います。

そういうときは、そのつらさを浄化するために、ポジティブなことをしましょう。

ジタバタしても仕方がないときに、焦って悪あがきすると、エネルギーを無駄にする悪循環を招《まね》いて、最悪の場合は、健康を害したり、不慮の事故に遭うなど、不幸を招いてしまうこともあります。チャンスも見当たらず、タイミングも逃《のが》した感じで、解決策も、次に行ける所も何もない、という場合は、「現状維持」に徹しましょう。

いらないものを捨てる

現状維持の間にエネルギーを溜《た》めて、可能性の根っこを張るようなイメージをしてください。嵐が去って、次のチャンスが回ってきたときに、すぐに動けるように準備をしてください。運命的に、それまでのマイナス効果が重なって、それが鎮静するまで身動き取れないことがあります。嵐の中を無理して出て行かなくてもいいのです。何はなくても、良いタイミングだけは、計らうようにしてください。

停滞しているように感じられるときも、未来に向かって良い運を生み出すために、身辺整理をしたり、新しいきっかけを探したりすることはできます。行き詰まったときは、身軽に次のステップを踏めるように、いらないものを捨てる期間にしてください。いらないものを捨てて、スッキリ、サッパリした自分になりましょう。

動けない状況のときこそ、目の前を観察しましょう

「今はこれしかできない」というとき、それが悪いことだとは考えるべきではないでしょう。悪あがきすると、よけいにイライラするだけで、プラスにはなりません。

嫌な状況を我慢するしかない自分を責めるのも、自己嫌悪になるのも避けて、何か他のところで前向きにやっていけることを見つけましょう。努力は必ずいつか結果となりますから。

忍耐力だって、そういうときに養《やしな》われるのです。精神的にその場から離脱して、ハッ

ピーな空間に移動できる術《すべ》だって、そういうときに磨かれるのです。その場の状況から意識を移して、全然違うことを考えていたら、すごくいい出口が見つかった！なんてこともありえます。

または、動けない状況の中、目の前をよくよく観察すると、**やるべきことが山積みになっていて、それを丁寧《ていねい》に片付けたら、飛躍する道が開けることだってあります。**動けないと思っていたら、じつは目標に達する寸前に来ていたなんてこともあります。自己嫌悪感に振《ふ》り回されて、間違った判断をしないようにしましょう。

16

評価されていないと感じるとき

自分の魂《たましい》を守ってあげましょう

「どう考えても、自分はまったく評価されていない」。そんなふうに感じる職場にいるのは、本当につらいことだと思います。しかし、それならさっさと転職してしまえばいい、というわけにはいかない場合もあります。

自分が評価されていないことに悩むとき、自分を責め、自分の能力や努力が不足しているのかと心配し、自分の性格や外見にまで問題があるのかと、そんなことまで疑問に思い悩んで、徹底的に自分を嫌悪してしまう人もいます。

きちんと仕事をしているのに、他の人ばかりが評価され、自分は評価されていないと感じる場合、まずは**「自分を守ること」**にフォーカスしましょう。他の誰かに認められることよりも、**まず自分が自分を認めて、自分の魂を守ってあげる**ことが、大切だと思います。自分から卑屈になっていくのは避《さ》けてください。

評価されていないことを気にして、自分が止まってしまうのが一番マイナスですね。会社に評価されない屈辱をバネにして起業して、大成功する人もたくさんいますから、評価されないことに負けないでください。

次へのチャンスかもしれません

とにかく自分を捨ててはいけません。自分の可能性を捨ててはいけません。何か足《た》りなくても、それが自分なのですから。そこにどんどん足して、完成度を高めていくことはできるのです。

人からの評価は、どこを足せるか、改良できるか、そんなことを知る手がかりになりますが、最終的に納得させなければいけないのは、自分自身です。人からの評価は今後の課題にすればいいと思います。そうやって随時成長し続けているあなたのことを、断定的に評価できる人は、誰もいないはずですから。

評価されなくても、本気で頑張っていたら、どこか別のところから、それを評価してくれる人が出てくるはずです。ですから、今の会社で評価されなかったら終わりだとは、考えないでください。

それに、良い評価をされた途端《とたん》に、伸びなくなってしまう人もいます。高く評価されても、定位置にずっと据《す》え置かれてしまう人だっているのです。あるいは、評価されないのは、自分に他にもっと向いている仕事があるという意味だと受け取って、転職して大成功する人もいます。

評価されないことをマイナスに取らずに、大きな転機のチャンスにしましょう。自分を評価してくれる環境や仕事、人を探し求めることだって、大きなチャンスをつかむきっかけにできると思います。

今無理なことは、未来に可能性があるのです

「自分の努力を認めてくれない」

「アイデアを理解してくれない」

そんな悩みもよく聞きます。

たとえまわりがあなたを理解してくれないとしても、説得しようとムキになって、時間やエネルギーを消耗してしまうのは避けましょう。

「きっと実現する」という予感があるから、あなたの頭の中にアイデアが浮かんでいるはずです。新しいアイデアは、未来の可能性の予知であることも多く、それを実現できるかどうかは、あなた自身がそのビジョンを信じて、行動できるかどうかが決め手になってくるのです。そしてビジョンがなければ、夢は実現しません。

今現在無理なことほど、未来に可能性があるのです。

ですから、わかってくれない人にエネルギーを費やすのではなく、何も言わずともピン！と理解してくれる、魂の同志を見つけることに専念してください。通じる人とでなければ、不可能を可能にすることはできませんし、通じる人とだからこそ、道なき道が、ま

るで魔法にでもかかったかのように開けるのです。そんな魂の同志といえる人を、たくさん探すことのほうが大切です。

何をするにも、それを支持する人が増えるほど、それに反論する人も増えてくるものです。わかってくれない人を対象にあれこれ考えても、本当の改善策にはならないでしょう。ネガティブ・エネルギーを封じ込めるのではなく、ポジティブ・エネルギーを広げていくことを考えましょう。

あなたがやろうとしていることが、誰も実現可能だと信じてくれないようなことなら、なおさらチャレンジのしがいがあるというものです。それに、前例のないことを反対されるのは、予想のつくことです。説明がつかないことであれば、自分が成功させて実証するしかないでしょう。そして、話を聞いてもらえないのは、ただ面倒くさいから、だったりもします。

なので、理解を示してくれない人が、なぜそうなのかを知ることは大切なことです。自分がやろうとしていることの欠点や、曖昧《あいまい》な部分を知って、改善することができるからです。反対側から意見を言ってくれる人の観点に、ポジティブなアイデアを見出せるかもしれませんから。

いつかあなたのアイデアが、世の中に必要とされるときが来てから動いていたのでは、遅すぎるのです。今いる職場で自分のアイデアを活《い》かせなくても、いつか転職してそれを実現させられることもあるかもしれません。

そのために、応援してくれる人を、根気よく探しましょう。あなたのアイデアがいいものであれば、同じようなことを願っている人が必ずいるはずですから、それを達成することを使命として頑張りましょう。

魂のお手本になる人を見つけましょう

続けるのがしんどいと思う仕事をしているとき、まわりに必ず同じような思いをしてきた人がいるはずです。つらい思いをしても、根気よく頑張ってきている人たちの中から、魂のお手本になる人を見つけてください。その仕事の最高の収穫は、そんな人たちから学べる生き方だと思います。本当につらい時期を乗り越えるときにしか得られない、強い生命力や不屈の精神力、ネガティブをポジティブに変える発想というのがありますから。自分の根っこがグンと伸びるときも、そんなつらい時期なのです。楽に、ハッピーに、調子良く、問題なく過ごしているときには発揮できない、特別なパワーにアクセスできるはずです。

魂のお手本になる人が職場にいなくても、たとえば友だちや恋人、伴侶など、魂の親分や同志のような人がいれば、その人たちから、困難に直面したときに、どうやって乗り切ったかなど、アドバイスをもらえます。あなたの立場を考えて、仕事と魂の両方を守るために何ができるか、一緒に考えてもらいましょう。

私は、自分自身なんかより、はるかに苦労した人々の実話をうかがうことによって、いつも励まされています。

どんなに苦しい思いをしている真っ最中でも、そこから出られないとか、これが宿命で、一生このままだ、などとイメージしないでください。苦しいときは、軌道修正のときなのです。魂のお手本になるような人を一生懸命探していくうちに、本来自分がいるべき場所や、あるべき生き方に導かれていくでしょう。

人は苦境によって、光の射《さ》す方向を観《み》つめるようになるものだと思います。なぜその光の射す場所に、自分はいないのか、どうして暗闇にいつまでもいるのか、そこから出るために何をしないといけないかを考えさせられます。光の方向に向かって、前向きに頑張り続けている人の魂から学ぶことで、今の自分がやらなきゃいけないこと、今の自分にできることが観えてくるでしょう。

「こんなつらい状況の中、みんなどうやってサバイバルしているのかしら？」と、まわりをよく観察してみましょう。「いつか、その状況を脱出するんだ！」という目的があるから頑張れている人もいるでしょう。どんな状況でも頑張れる人には、必ず大きな目標があるはずです。あなたの魂に、大きな目標を掲《かか》げてくれるような、インスピレーションをくれる魂の親分や同志を、たくさん見つけてください。前向きな人も、そうでない人も、置かれている状況には、そんなに変わりはないことにも気がつくと思います。皆、同じように苦労しているものですから。

6章

ストレスやプレッシャーに負けない

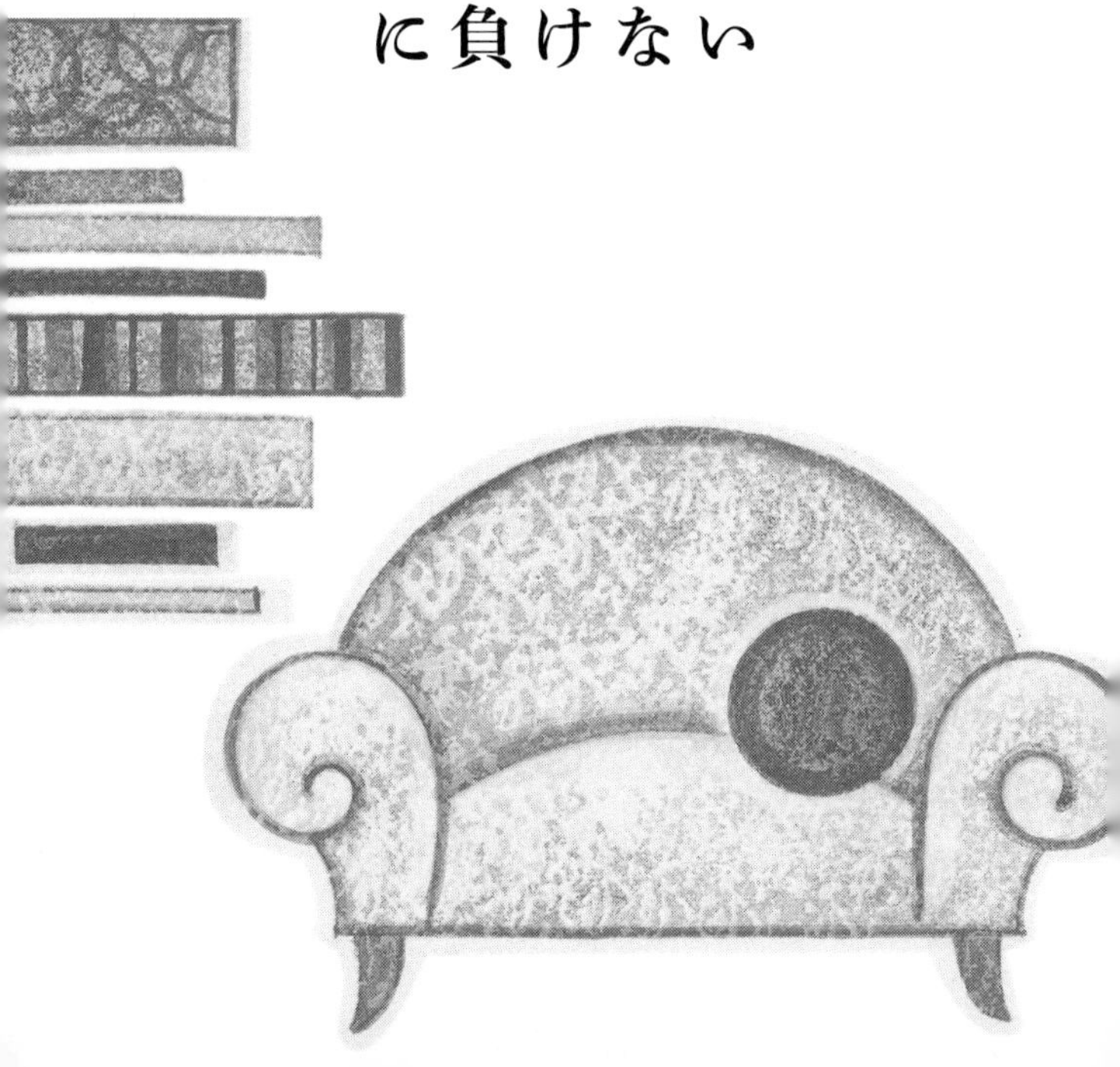

17

ストレスの原因

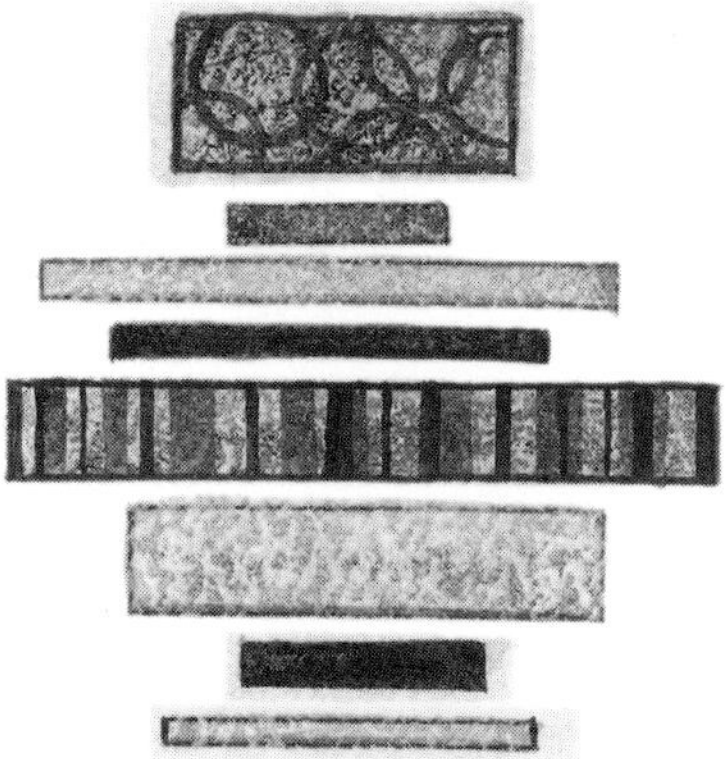

ストレスは必ず発生するものですが……

やりたいことをやるときも、やりたくないことをやるときも、何らかのストレスは必ずつきものです。夢を実現させるためにだって、多大なストレスやプレッシャーはかかるものので、それをプラスのエネルギーに変換できないといけないのです。ポジティブ・エネルギーに変換できないくらい悪質なネガティブ・エネルギーは、捨ててしまいましょう。

ストレスに振《ふ》り回されると、損《そん》をするのは自分だけです。仕事をするうえで、どうしても避《さ》けられないプレッシャーと、どうやって共存していくかは、その仕事を続けられるかどうかに影響しますよね。仕事をするかぎり、何らかのプレッシャーがかかってくるもので、それを「手応《てごた》え」とか、「やりがい」に変えていくことが、働くことに喜びを感じ、物事を成功させる秘訣《ひけつ》だと思います。

どうしてもプレッシャーやストレスに耐えられなければ、その仕事を辞《や》めるしかなくなってくるのですが、本当に嫌《いや》なら辞めればいいのです。「すべてギブアップして、潔《いさぎよ》く辞めてしまえばいい」。そんなふうに、ネガティブなプレッシャーに背中を押してもらうような感じで、ポジティブに方向転換をして、自分を伸ばしていきましょう。

転んだっていいのです。繰り返しますが、さっさと起き上がれることのほうが大切ですから。プレッシャーがかかるほど、本領発揮できる人もいます。

とはいえ、上手にストレスから解放される時間を自分で作らないと、健康も精神も害してしまいますから、うまくプレッシャーと付き合って行く方法、上手に自分をプレッシャーからエスケープさせる方法を利用して、ストレスに潰《つぶ》されないようにしましょう。

3章（84〜87ページ）でお伝えしたネガティブなエネルギーを追い払う方法のように、ストレスやプレッシャーを、宇宙の彼方《かなた》に飛ばすようなイメージをするのも、シンプルで効果的ですよ。自分を不快にさせるだけで、何の発展性もない問題は、さっさと「天のゴミ箱」へ。考えるだけでもエネルギーの無駄ですから。

力を活《い》かしきれないときにも、ストレスは生まれる

誰だって、自分の人生を最大限に生きることができたら、これほど幸せなことはないと思います。どんな生い立ちでも、どんな状況に置かれていても、です。

ところが、自分の力を最大限に活かしきれていないときというのは、空回《から》りしているような感じがしたり、漠然とした虚《むな》しさを感じたりするものですから、普通に生活はできていても、それが逆に、すごいストレスになったりすることがあります。自分が本当に求める生き方に、最大限にチャレンジしていないときは、他のことがすべて完璧でも、行き場のないストレスが吹き溜《だ》まってしまうものです。

せっかく自分が稼働している時間なのに、仕事がつまらないと言って、ずっとチャンネルを閉《と》じて無関心な状態で過ごしてしまっては、いつの間にかその状態が慢性になって、無関心な人間になってしまうかもしれません。

おもしろくないと思うときこそ、おもしろいことを発見する努力をするべきでしょう。仕事上のストレスだって、それを反転させる努力をすれば、理想の未来を創っていく原動力にできるのです。ストレスを癒《いや》すために始めた趣味が、後になって夢の転職のきっかけになって、天職に就《つ》けたという人もいますから。

自信を失ってしまったとき

たとえば、念願叶《かな》って第一希望の学校に入学できた途端《とたん》、授業についていくプレッシャーに潰され落ち込んでしまう人がいるように、憧《あこが》れの会社に就職できたり、新しいポジションに就いた途端に、すっかり自信を失くしてしまう人がいます。高い目標を達成した途端に、その地位を維持していくプレッシャーと、上にはまだ上があるという現実に悩まされるのです。

実際、魂《たましい》カウンセリングを重ねて、根気よく望んで、やっと希望の会社に就職できたのに、入社した途端に本当にこの会社でよかったのか、自分はこの会社に向いているのか、悩みはじめてしまうという人は少なくありません。

つねに目標が高い人は、自分の仕事のパフォーマンスに対しても期待が高くなるものです。ですから中には、職場で評価が悪いと、それで自分をまるごと否定されたように思ったり、道を間違ったと危機感を感じてしまう人もいます。

そんな時、自分を他の人と比較して、それで断定的な自己評価をしないようにしてください。できて当たり前だとも思わないでください。

結局は、どんなに高く評価されても自分に自信がなければ、支えになるものはありません。まわりの人を納得させるためではなく、自分の魂が求めたから、それだけ頑張ったのだという確信がなければ、どんなに高いハードルを超えても、次は頑張れないんじゃないかという不安がつきまとうでしょう。

周囲の評価がストレスになっていませんか？

どうしても頑張れないときは、どうして頑張る情熱が湧《わ》かないのか、自分の魂の求めていることと、今ある現状のズレがどこにあるのか、それをどうやってリンクさせていけるか、内観してみてください。もしかしたら、何かに振り回されているのかもしれません。仕事に対する情熱がないと、それ以上の発展は望めません。

たとえば、自分の期待と現状を比較して評価しないこと。自分はめちゃくちゃ頑張ったのに、そんな自分よりはるかに優れた人たちがたくさんいることにがっかりしたり、自分よりはるかに怠《なま》けている人が、平気な顔をしていることに腹を立てたりすることがあったとしても、それに執着しないことです。

全力を尽くして頑張っても、それが当たり前という評価をされたり、そんなに頑張ってない人が、良い評価をされたりすることに、振り回されないようにしましょう。

頑張っても頑張っても、他の人たちに押し流されるような感じがしたり、目標が高く遠くなるばかりで、全然近づけてないような気がしたりするときも、決してあきらめないで、いつも高い目標を持っていることを誇りに思いながら、それを達成するための小さなステップを楽しんでください。

失敗と成功を繰り返し、そのたびに学ぶことのすべてを吸収してください。それを経験できることが幸せなのです。プレッシャーを集中力と瞬発力に変えて、自分のパワーにしていきましょう。自分がつねに成長していること、自分の中で変革が起こり続けていることを、忘れないでください。

プレッシャーを活《い》かす

仕事上のプレッシャーと闘《たたか》うということは、まずは自分自身と闘うということです。プレッシャーで自分を潰すのも活かすのも、自分次第です。

自分以外の人は、たとえライバルであっても、あなたのためになるお手本を見せてくれているのです。その人たちに対する競争心から、無理をしすぎたり、焦《あせ》ったりして、ネガティブにならないでください。ライバルだって自分のプラスにしましょう。

湧いてくる競争心は、自分にチャレンジするために活用しましょう。そのチャレンジを続けていけるかどうかも、自分との闘いです。

仕事をしながら生活していくことだって、小さなチャレンジの積み重ねです。仕事の内容やライフスタイルと、自分の夢とのギャップがあっても、そんなことで焦らないようにしましょう。そのギャップを、さらにチャレンジしようという意欲に変換してください。新しいことをやってみたくなる自分を応援してあげましょう。

プレッシャーに強い人ほど自由な時間を大切にします

「プレッシャーがあるときほど、自分は本領発揮できる」と自覚している人は、本当にプレッシャーの中で活き活きと輝ける人です。そのぶんプライベートの時間は、ゆったりとくつろげる、自由に解放された時間を過ごせることが大切でしょう。

高い目標を追って、過度の期待をして、自分という船が壊れるほど、人生の舵《かじ》を取ろうとしてはいけないのです。人生という大海の力は、人間の力では太刀打《たちう》ちできませんから。無理して転覆しないように、波風を読みながら、目的地に着くまでの時間を、有意義に過ごすようなつもりで、自分の目標を達成するプロセスを楽しんでください。

18

プライベートも充実するから、うまくいくのです

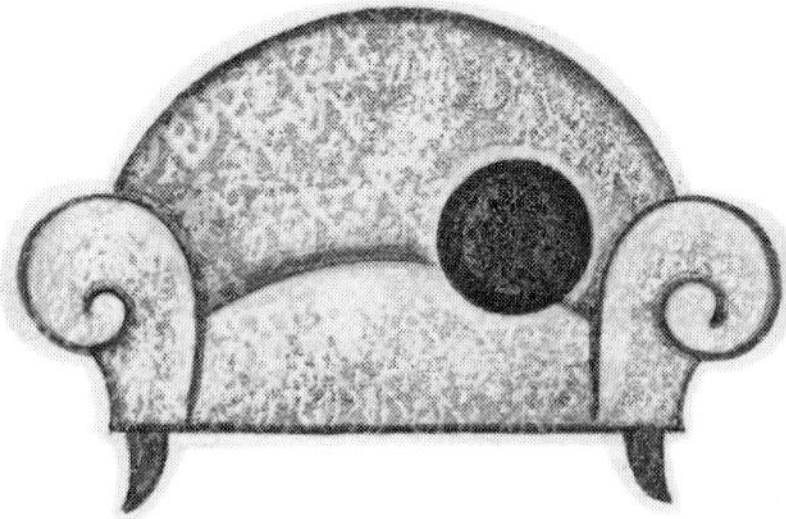

職場でのストレス、もうひとつの原因

職場でのストレスの原因は、必ずしも仕事ばかりとは言えないようです。私生活のストレスや、アンハッピーさを、まるごと職場に持ち込んでしまう人が、けっこういるのです。

職場のストレスに悩んでいる人の魂《たましい》カウンセリングをすると、その原因は、上司や同

僚であることが多いのですが、その上司や同僚がぶつけてくるストレスの原因は、私生活で抱えている問題であることが多いようです。だいたい、ハッピーな人は、他の人を不快にするようなことはしませんから。

自ら八つ当たりの標的になるような言動をとってしまっている人もいれば、たまたまそこに居合わせたために標的になってしまう人もいます。後者の場合、できれば逃げるように席を外す、または徹底的に気にしないようにする、というのが、とりあえずできることです。

まずは自分だけでも、**私生活の不満は職場に持ち込まない**、と決めましょう。私生活の不満を職場に持ち込んでも、救われることはありませんから。

結婚生活がうまくいってないことが原因で、誰に対しても敵意や警戒心を露《あらわ》にして、攻撃的で冷酷になっている上司のおかげで、そのチームのみんなが毎日おびえているなんてケースもよくあります。思い切って離婚してひとりになったら、職場の人にもっと愛情や思いやりや、感謝の気持ちも湧《わ》いてくるかもしれないのに。

アンハッピーな人が集まっている職場で働くことになったら、停滞しきっている職場の現状は放っておいて、精神的に前進してください。どんなときも、自分の中の平和でハッピーな世界にフォーカスしましょう。

一時的なエスケープを楽しむ

自分の私生活に問題があって、仕事中にまで憂鬱《ゆううつ》な気持ちになるなら、「せめて仕事中は考えないようにしよう」と、その憂鬱な気持ちを「天のゴミ箱」に入れてしまいましょう。

どんな問題も、解決する日が必ず来ます。問題そのものにも「期限」があるものです。仕事中は、せめても、その問題から逃避できる貴重な時間なので、きっちり仕切って有意義に過ごしましょう。

意識の切り替えとか、イマジネーションを効果的に使えば、どんなに問題が積み重なっていても、まるで何もないかのような時間を過ごすことができます。

休憩時間に、とびっきり美味《おい》しいコーヒーを飲むとか、素敵なスイーツを食べるとか、可愛いブーケを眺《なが》めるとか。そんなチョットしたことでも、一時的なエスケープを楽しめます。そういう時間をしっかり楽しみましょう。難問続きの生活と並行して、問題に影響されない平和な時間を過ごすのは、タフに生きるための秘訣《ひけつ》なんだと思います。

仕事への情熱は、私生活での情熱から

「あまりにも忙しすぎて、私生活がない！」と言う人がいます。そうなりたくないと思っていても、明日は我が身、他人事《ひとごと》ではありません。

早朝に仕事に出かけて、残業は当たり前。夕食も職場で、たとえ家で食べられたとしても、疲れ果てているので、適当にすませてしまう。疲れ果てた身体で這《は》いずるように入浴、気絶寸前で布団にもぐり込む、みたいな生活は、本当にありがちなんです。

私は今でこそ子どもがいて、家庭という、職場とはまったく異なった世界があるので、自然に切り替えられるようになりましたが、独身の頃は、いつも仕事の延長、寝ても覚めても仕事、みたいな生活でした。

これは、やりたい仕事をやっている人にも、やりたくない仕事をやっている人にも、あ

りえることです。仕事で成功したいと思う人はなおさら、生活のすべてを仕事に注いでしまおうとするかもしれません。それでもやっぱり、働く人の幸せには、私生活の充実はなくてはならないと思うのです。仕事だけでは満たせない幸せや、充実感が、私生活の中にはありますから。

仕事だと実績を出したり、昇給昇格などの成功を実感できたりしないと、働き甲斐《がい》を感じられなくなったり、続けていくのがつらくなったりすることがあります。仕事でなかなか思うような手応《てごた》えが感じられないときはなおさら、私生活で幸せな時間を過ごして、仕事への活力をチャージするしかないと思うのです。自分自身が幸せでなければ、仕事をするにも頑張れないと思うのです。

忙しいからと、私生活を充実させられないと、何のために働いているのか、わからなくなってしまうでしょう。忙しい中を工夫して、一生懸命遊ぶとか、ちょっとサボった気分でちょこっと息抜きするだけでも、かなり幸せになれます。そんなちょっとした幸せがもたらしてくれるパワーは、仕事では得られないものです。

私たちのパワーの源《みなもと》は、情熱であり、愛情です。仕事への情熱は、私生活での情熱や愛情から来るのだと思います。あなたの情熱と愛情の源は何処にあるでしょうか。

ストレス解消には、その日の最初の一歩を大事にしましょう

「今日もこうして朝起きて、働きに行くのは、まずは自分のため。自分がハッピーに生きるため。今日も頑張ろう～」。そんなふうに、毎朝思えているでしょうか。

職場でストレスいっぱいな状態が続くとき、結局は職場との闘《たたか》いではなくて、自分との闘いになってくるので、このストレスを活力に変えてしまうイメージをしてみましょう。

まずは朝起きたときから、「自分だけの平和で穏やかな空間と時間」を楽しむことにフォーカスしましょう。コーヒーやお茶を入れるほんの少しの時間だって、自分のための充電の時間です。未来の大きな目標のことを考えましょう。

たとえ「会社に行きたくない～」という気持ちが、壁のように感じられても、その壁の向こうに、「いつかこの仕事をしなくてもいいようになる！」という大きな目標を掲《かか》げてください。今の仕事はそのためのステップです。

冴《さ》えない気分を、爽《さわ》やかなイメージに変えてくれるような、おしゃれも楽しみましょう。「仕事はうまくいってないし、通勤は疲れるし、気分はグサグサだけど、とりあえずヘアもメイクもバッグも可愛いから、ヨシとしておこう！」というように、子どもだましみたいなことでもいいので、仕事と関係ないところで自分を褒《ほ》めてあげてください。そうしていたら、「仕事は最悪だけど恋人が見つかった！」という人もいますから。

「私のことがわからない人のためじゃなくて、私のことをわかって応援してくれる人のために、今日も頑張ろう！」と気合いを入れましょう。自分の障害になる人とのお付き合いは、一生続くわけではありません。必ずご縁《えん》が切れるときが来るはずです。ストレスになる上司や同僚は、相手も同じようにストレスを感じているはずですから、その状態をいつまでも維持していくことは無理なのです。必ず相手か自分が辞めるか、異動になるなど、その関係が終わるときが来ますから。

それまで自分が屈折しないで、真っすぐに自分の目標を見つめて、前進しつづけることが大切です。つらい思いをしているときも、自分は成長しているのです。逆境にいるときだからこそ、何とかそこから脱出しようとして、パワーを発揮できるのです。

毎朝が新しいチャレンジの始まりです。毎日、真新しい自分でスタートを切って、自分の目標にトライする。どんなにくじけそうでも、ドンヨリしてしまう日があっても、完全にヘコんで何もしたくない日があったとしても、かまいません。少しペースを落としたり、すべてのゴチャゴチャを「天のゴミ箱」に預けてしまって、頭の中だけでも「お休み」するのもいいでしょう。いつも新しいサイクルがまわってきて、元気が蘇《よみがえ》ってくる日が来ます。

一日ずつ、コツコツと積み重ねるように生きる。〝One day at a time〟が一番いいのです。今日も素敵なスタートを切りましょう！

職場を離れたら、仕事は一時的に「天のゴミ箱」へ

いったん職場から離れたら、仕事のことは一時的に「天のゴミ箱」に預けてしまいましょう。

会社の外に買物に行く少しの間だって、吸い込んでいる空気、眺める景色、一歩一歩の

足取りから感じるエネルギーなどのすべてが、自分のプライベートのものだと考えて、自分のためにしっかり吸収してください。**職場の状況はすぐには変えられなくても、自分のプライベートの時間や空間は、すべて自分の思いのままにアレンジしていけるのです。**

新しい発見や気づきが、私たちの元気の素《もと》であり、将来への可能性のきっかけとなるのです。

あなたが望んでいる生活とは、どういうものでしょう。イメージはあるでしょうか？

そう聞かれると、「漠然としていて答えられない」とか、「イメージはあるけど、今の現実から考えると無理で、そのギャップを埋《う》められない」という人も多いと思います。

自分の理想の人生は、まず自分が夢見ることから始まるのです。

「丘の上の大きな白いお城」のイメージだってかまいません。実際にそんなお城に住めるようにならなくたってかまわないのです。自分がお城と思えるような、空間に暮らせればいいのですから。いつもそのお城のイメージにつながっていく、小物たちに囲まれているだけでも、その目的は達成しています。

誰にも邪魔されない、脅《おびや》かされない、幸せな時間と空間が持てることが大切なのです。好きなものと、好きな人に囲まれる、自分の理想のお城を感じられる空間は、自宅以外の場所に見つけることもできるでしょう。

魂の自由を感じられること、何でもできそうな気持ちになれる自分であること、いくらでもやり直せるパワーを感じられることが大切で、見栄《みえ》やエゴで欲張って、そのお城のイメージが自分に負担を与える「ろう城」になってしまわないように。

プライベートの時間や空間は、あなたが自由を感じるためにあるのです。

理想の生活は、あなたの部屋の延長線上に

理想の人生の基盤として、生活空間から整えていきましょう。まずはすべてのパワーの源、睡眠を取る環境から。そしてストレスをほぐす入浴、身体をいたわる食事、自分の部屋でゴロゴロできる時間が、幸せで充実したものになるように、その空間を自分の理想で埋めていきましょう。これだって、けっこう難しかったりします。

自分の理想の生活は、この理想の部屋の延長線上にあると考えて、それを目指して一歩一歩近づけていきましょう。インスピレーションの湧《わ》く空間は、お部屋が小さくても、大

きくても関係ありません。あなたの「理想の生活」のイメージとは、どんなものでしょうか。

どんな生活をしたいかと聞かれると、まずはどんな家に住みたいかをイメージする人が多いと思うのですが、実際のところは「どんな環境で何をやっているか」のほうが大切だと思います。

そのイメージと、今やっている仕事を比較して、理想につながっていくものなのか、それともいつか転職しないといけないのかなど、考えてみてください。プライベートの時間に、しっかり自分と向き合うことができることで、今の仕事と自分の関係、ストレスの受け入れ方、仕事との関わり方、仕事のありがたさなど、理想の人生計画の一部としての仕事を冷静に見つめることができるでしょう。

理想の部屋から発展して、住みたい場所は、今いる環境とはまったく違うところだという答えが出るかもしれません。思い切って海外で就職するなんてことも、自分の部屋がきっかけになることもあります。そして、そこからさらに大きなチャレンジが始まるのです。自分の部屋は、自分の理想を見つめるために大切な空間です。

7章

恋愛と結婚の悩みを解決する

19

仕事と恋愛の関係

恋愛に疲れていませんか？

「仕事がうまくいっているときは恋愛がうまくいかないし、恋愛がうまくいっているときは仕事に打ち込めない」。どうして、そうなってしまうのでしょう。

エネルギーというのは、自分の内からだけでなく、外からも取り入れ、循環していないと、長持ちしません。ですから、自分の中だけでエネルギーを生んで、それを仕事や恋人につぎ込んでいては、すぐに燃え尽きてしまうのです。

恋愛で、「自分が盛り上げなきゃいけない」と思って、ひとりで頑張ってしまうと、エネルギーの循環が不完全で、消耗型の恋愛関係になってしまいます。

仕事も恋愛も、おもしろくて仕方ないのに、すごく疲れてしまうなんてこともあります。これは、エネルギーの循環がうまくいってないのを、一方的に支えているからかもしれません。

仕事も恋愛も、自分が一方的に、愛情や労力をつぎ込むのに夢中になってしまうタイプの人は気をつけてください。片方はエネルギーを与えるばかり、片方は吸収するばかり、そんな関係はよくありがちです。惚《ほ》れた弱味《よわみ》というやつです。でもそれでは、エネルギーを与えるばかりの人は燃え尽き、エネルギーをもらうばかりの人は、もともとの自分のエネルギーが恋しくなって、疲れてしまうのです。結局はお互いに無理して合わせていることになって、相手のことがすごく好きでも、なぜか疲れる関係になってしまいます。

仕事ができなくなるような関係の恋愛は、このように、楽しくてもいつか燃え尽きてしまう可能性が高いかもしれません。

仕事か恋愛か、どちらかしかできない気がしていたら

仕事と恋愛を両立させようとするとき、天職と呼べる仕事をして、さらに魂《たましい》の伴侶のような恋人がいたら、「どちらかしかできない」という問題は発生しないと思うのです。

それから、時間の振《ふ》り分けやエネルギーの循環がうまくできているでしょうか。

恋愛関係で、エネルギーのギブ&テイクができてないと、必ず疲れます。「いい人なんだけど、マイペースすぎて疲れる」とか、「可愛い子なんだけど、全部こっちがリードしないといけないから疲れる」というのは、ギブ&テイクができていないということです。

要求が多すぎるとか、何をやっても満足してくれないとか、そんなことで、相手にエネルギーと時間を吸い取られて消費されたり、自ら相手に過剰なエネルギーをつぎ込んだりすると、仕事に逃げたくなってしまうでしょう。

愛情、時間、体力、お金、これらの「エネルギー」を過剰に消費してしまう関係というのは、どんなにエキサイティングでも長続きしません。仕事をするときは仕事に集中し

て、恋人といるときは、その時間をしっかり楽しむことに徹底して、バランス良く両方を充実させてください。

恋愛ができなくなるような仕事の仕方をしている人は、その仕事でかなり無理をしているのだと思います。仕事に疲れて恋愛する気をなくしていると自覚している人は、最終的に自分の幸せにはつながらない無理をしていないか、チェックしてください。仕事以外のことは考えたくない、仕事に集中したいと思う時期があってもかまいません。それと同じくらい恋愛に集中したい時期があれば、バランスは取れているのだと思います。

でも本当に魂の片割れのような人と恋愛していたら、恋愛で生まれたポジティブ・エネルギーを仕事に注ぎ、仕事で頑張った分、恋愛にさらにポジティブ・エネルギーを注ぐことが、いつでもできるようになるはずでしょう。

ですから、「仕事に必死だから恋愛できない！」というときは、じつは、自分が恋愛を捨てて仕事をしているということです。「他の誰かを受け入れる余裕はない。自分のことで精一杯」なのかもしれません。だから仕事のせいで恋愛できないのではありません。恋愛できないのを、仕事のせいにはできないのです。

あなたの恋愛は、仕事にプラスですか?

いい恋愛は、仕事にもいい影響を与えてくれるので、「仕事にプラスになる恋愛ができているか」、そんな観点から自分の恋愛を見直してみてください。

恋人のせいで仕事に支障が出ていたら、これは大問題です。嫉妬《しっと》心が強くて、やたら束縛しようとする人が、恋人が職場で楽しそうに仕事をしていることに嫉妬するケースもあります。それを「本当に愛してくれている」なんて思ってはいけません。「彼が忙しいと言って、電話にも出てくれないから、一日中メールを出し続けた」、なんてことをしてしまっていたら、間違いなくその恋愛に狂わされています。その恋愛は問題ありなのです。

「仕事で成功したら自分のことなんか忘れられるんじゃないか」、そんな不安から、相手にしがみつこうとするケースもあります。そもそも不安が生じる関係は、魂的に結ばれている関係ではないということです。

そんな不安を引きずったまま結婚したら、「仕事しないで」と相手を束縛しようとしたり、一生懸命仕事をしている姿を「おもしろくない」と感じたり、ネガティブな感情は悪化するでしょう。仕事に活《い》かせるポジティブなエネルギーの生まれない恋愛は、すでに機能していないということですから、お互いのために、別れるか、距離を置くとかする必要があるでしょう。

仕事をとおして「魂モテ」する人になりましょう

お金を稼《かせ》ぐばかりが、仕事の収穫ではありません。働く価値は、自分の役割や能力を認識したり、新しく開発したりするチャンスを得られるところにもあります。この仕事があって嬉しいと思える瞬間を、しっかり楽しみましょう。

時間に追われているときほど、その中から捻出《ねんしゅつ》する、「自分の楽しみの時間」が貴重に感じられるのです。ほんの3分の休憩時間なのに、とても透明で静寂で深いものに感じられることもあるのです。そんな時間を体験できるのも貴重です。実際に仕事をしてみないと、学校では学べないこともありますし、師匠や上司、先輩から学び取るしかないこともあります。仕事上のすべての体験は、自分の財産なのです。

「生活するのに必死なだけ」。そんなふうに感じるとき、一生懸命生活しているのに、それを楽しめてないのはナゼか、考えてみましょう。すると、ズラズラ〜ッと理由が出てくるはずです。それを片《かた》っ端《ぱし》から満たしていくようにしましょう。

たとえば、「恋人がいない」「友だちがいない」なら、ストレートに恋人や友だちを作りましょう。あれこれ言い訳している場合ではありません。**モテる人は「エネルギー・モテ」しているのです。**それこそ、「魂モテ」には容姿も財力も関係ありません。ぶっきらぼうでも、純粋な魂が伝わってくる人には、吸い寄せられるような魅力がありますから。仕事をしながら、親切、愛、感謝、チャレンジ、そしてあきらめない精神力と体力を育《はぐく》んで、「魂モテ」する人になりましょう。これはお金では買えませんから。

「この人でいいのでしょうか?」と悩むとき

恋愛しているはずなのに「この人でいいのかな」「もっと他に合う人がいるかもしれない」と疑問を持つことがあったら、それは、ほぼ間違いなく魂の声です。それが自分の本音なのですから、「何か足《た》りないのは確か」と理解して、それが何なのか、考えてみましょう。これから足せるものなのでしょうか、それとも本質的に、まったく違うものを求めているのでしょうか。

「何か違うな」と感じるのは、今のままでは、将来的に自分の理想には到達しないと思えるからです。「ないものねだり」をしていることもあります。理想に届いてないのは自分自身だったりもします。自分の野望とかけ離れる現状に、「じつは違うんだ」と感じながらも、「でもそれなりに自分にとってはちょうどいい」と思えることもあるでしょう。こういうときの「違う」は、「非現実的な理想」とのズレだったりすることもありますので、よく検討してください。

どちらにせよ、何か調節しないといけないのは確かですね。「この人じゃないな」と強く思えるようになったら、次に前進する方向を決める準備に取りかかりましょう。

これは、「この仕事でいいのでしょうか？」という物足りなさを感じたときも、同じですね。

別れのつらさをポジティブに変換しましょう

どんなにヒドイ状況から抜け出すときも、別れには「つらさ」はつきものです。愛情もあるし、悪い思い出ばかりじゃない。ここでセンチメンタルにならないようでは、自分の魂がおかしくなってしまっているということです。

でもよく熟考した結果、そこから抜け出すのが自分のためにいいこと、ポジティブなことなんだと判断したのですから、思い切って行動しましょう。後で、あのときやめてヨカッタと思えるようになるために、これから前進するのです。これは仕事も恋愛も同じです。

一時的に孤独になっても、不安になっても、「これだったんだ！」、そう思える新しい仕事や恋愛に出会う可能性を手に入れるために、ステップを踏むのです。

自分の理想を真面目に追い求めていれば、必ずそれは実現します。これまであったものを手放すつらさや衝動を、次の目標に突き進んで行く勢いや闘志に変換しましょう。「別れ」で生じたネガティブ・エネルギーや空洞を、ポジティブ・エネルギーで満たすようにしてください。手放すよりも足すほうが簡単です。

大切なのは次の目標があることです。自分の理想と夢を目標にして、それに向かってまっすぐ進もうとすることです。それがなければ、行き場を失ってしまったかのように感じてしまいますから。

20

仕事と結婚の問題に悩むとき

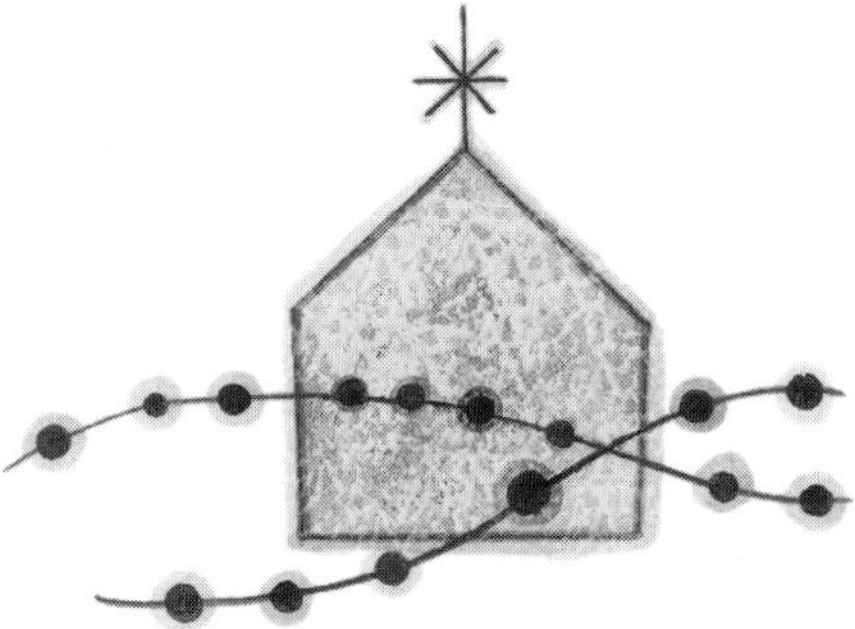

結婚も仕事も望みましょう

「仕事と結婚、どちらを取るのが自分に向いているでしょうか、結婚もしたいし、仕事もしたいのです」。こんなご相談をいただくことがよくありますが、この場合はそのままストレートに、結婚も仕事も両立させることを望めばいいと思うのです。

どちらかひとつしか選ばなくてはいけなくなる場合は、結婚相手に仕事を辞《や》めてほしいと強く望まれるとか、専業主婦になることを望まれるとか、または結婚相手の転勤などで、今やっている仕事を辞めなければいけなくなるなどの理由が考えられますが、基本的に自分が仕事を続けていく意思があれば、結婚との両立は可能です。

仕事は自分のアイデンティティーにもなりますし、経済的に自立していることは自信にもつながります。ましてや、やりたい仕事をやっているのであれば、辞めるべきではないでしょう。

だからといって、仕事をしていることを、結婚できない理由にしてしまうべきではないのです。結婚後は今の状態のまま仕事を続けることができなくなったとしても、仕事自体はやっていけるはずです。環境や条件の変化を、より自分らしい仕事の仕方ができるようにする、いいきっかけにしましょう。

仕事のせいにしない

「仕事をしていると出会いがないし、結婚は無理」と言う人もいますが、時間がたくさんあっても、プラプラ自由に行動できても、結婚相手が見つかりやすくなるかというと、まったくそうではないのです。

まずは本気で結婚したいと決心することが大切です。本気で決心できたら、自分が歩く道はすべて、結婚相手に出会うチャンスにつながるのです。

本気になった瞬間に、「妻候補」「夫候補」としてのあなたの価値は上がります。あとはしっかり目を見開いて、感覚を研《と》ぎ澄まして、自分の生活圏内に入ってくる人はみんな、結婚相手にふさわしいかどうか、チェックしてください。

「ここにはいない！」

「あっちに行ってみよう！」

「こっちを探してみよう！」

そんな直感も冴《さ》えてくるはずです。


仕事をしているから結婚相手に出会えないのではなくて、仕事ばっかりして、結婚のことを真剣に考えていないから結婚できないのです。「このままじゃ結婚できない！　何とかしなくちゃ！」という焦《あせ》りがないから、結婚相手に出会えないのです。

心のどこかに、「仕事してるし、ひとりでやっていけてるし、まぁいいか」という気持ちがあるはずです。「疲れて人に出会う気にもならない」なんて感じるのも、仕事のせいではなく、自分の思い込みのせいなのです。

本気で結婚したくなったら、仕事がどんなに忙しくても、結婚相手に出会うチャンスが到来するたびに、「ピーン！」と自分のアンテナが反応して、元気が出てくるはずなんです。

幸せな結婚と幸せな仕事を手に入れる方法

そもそも、人はなぜ結婚したいかというと、幸せになりたいからです。なので、幸せそうな人を見ると、「こんな人と結婚したいなぁ〜」って思うものなのです。仕事をしている自分のことを、「こんな人と結婚したいな」って思ってもらうには、自分が幸せに仕事ができるというのが大切です。

しっかり仕事をして、おしゃれをしたり、やりたいことをやって、「人生を楽しんでいます〜！」というポジティブ・エネルギーが溢《あふ》れ出している独身の人がいたら、誰も放っておかないと思うんですね。

殺伐《さつばつ》とした職場で働いていたとしても、それにまともに影響されてカリカリしていては、自分の魅力は激減してしまいます。そんな状態では、出会いのチャンスを逃《のが》してしまって、結局損《そん》をするのは自分です。ですから、職場でささくれだってしまうのは、とにかく避《さ》けましょう。

忙しすぎて、なりふりかまわず、とりあえず仕事に行って、見るからに疲れた感じで、「今誰か紹介されても、とてもじゃないけど、会う気にはなれない〜！」みたいな状態が慢性化してしまうと絶望的です。

自分の気持ちが沈んでしまったときは特に、服装だけでも華《はな》やかにして、ポジティブなエネルギーを放出してください。

どうしても黒しか着れない人も、せめてアクセサリーやバッグ、靴などは、金や赤など、力強いエネルギーを放出している色のものを身につけましょう。もちろん、ピンクでもブルーでもかまいません。とにかく愛情のエネルギーを外に発してアピールしないと、自分が結婚相手を探しているという意思が伝わりませんから。

「この人と一緒にいたら、幸せになれそう〜」と、感じてもらえるようなエネルギーを出してください。そんなエネルギーさえ出せていれば、ノーメイク、ジャージにサンダル履きみたいなときにでも、魂婚《たましいこん》の相手を射止《い》めることはできるのです。

そして相手には堂々と、「結婚したい」と言っていいのです。それを隠したり、ビクビクしていては話になりません。結婚する意思のない相手は、まず最初の段階で見極めましょう。「幸せな結婚と仕事を両立させたい」という意思をしっかり持って、それを見失わないようにしてください。

この「幸せ」というのがポイントです。感情に流されて、肝心な「幸せ」を妥協してしまうことだってありますから。

すでに付き合っている人がいても、「結婚してって言ったら逃げられそう」なんて相手なら、いくら待っても時間の無駄ですから、結婚したいという意思を伝えて、腹を決めてもらいましょう。

仕事と結婚の両立をしたい女性に対し、「経済的に無理だから結婚できない」という言い訳はできません。なので、相手が結婚したくないのは、もっと深刻なところに理由があるということです。結婚する気がない相手を待っている間に、自分の結婚のチャンスはどんどん逃げていってしまいます。

私も36歳で「自分は結婚するんだ」と決めたとき、その直後に出会った夫に、「私は結婚して家庭を持ちたいの。だから、そういうつもりのない人とデートしてる時間はないの」とデート初日に宣言しました。相手にも「僕は結婚したくない」「いつか結婚したいけど、君と結婚する感じはしない」といった第一印象や直感があるはずですから、はっきりさせようと思ったのです。

本来だったら、そういうことは男性から言われたいと憧《あこが》れていましたが、36歳となると、待つ余裕はナイと判断。「結婚前提に付き合う」という条件でスタートラインに立つことが重要だと思ったのです。

そうやって、思いっきりダッシュしても、一人目の子供が産めたのは40歳のとき、二人目は43歳でしたから。急いでもやっぱり物事には時間がかかるんです。

だから、「モジモジ君」「はっきりしない君」はパスするか、強引に結婚に引っ張っていくか、そういうことを決めるのも、女性が覚悟しないといけない場合があると思います。

家庭を営《いとな》む女性の仕事の仕方

結婚生活と仕事の両立は、仕事を2つ掛け持つようなものです。ましてや子育てもするとなると、仕事を3つ掛け持つような感じですが、どれも大切な仕事です。

独身時代から、仕事と私生活をバランス良く充実させることができていれば、結婚してからさらに、パノラマ的立体感のある幸せと充実感を、得られるようになるでしょう。結婚相手や子どもができると、一緒に幸せを感じられる仲間ができるので、幸せの純度や濃度がさらに高まります。これはひとりでは味わえない幸せです。

しかし、身体はひとつしかありませんから、3つの仕事をこなしていくためには、時間、体力、気力を効率良く使わないといけなくなります。家族との生活を営んでいくうえで、仕事にばかり時間とエネルギーを費やすわけにはいかなくなって、かといって仕事のペースをそんなに落とせるわけでもないので、優先するべきことの順位が、はっきり決まってきます。

限られた時間を仕事に費やすのですから、有意義な仕事をしたいという気持ちも強くなってくるでしょう。どうでもいいことは、削るしかなくなるというのは、人生にとって、大変ポジティブな変革です。時間と体力に限りがあると、どうでもいいことは、ばんばん省《はぶ》いていく決心がつきやすくなります。人間関係にしても、どうでもいい人とは、付き合えなくなってきます。

家庭を営みながら仕事を続けることで、大切なものにフォーカスすることや、時間の効率的な使い方を見出す楽しさを味わえますし、さらに子どもができたら、子どもへの愛情から湧《わ》き出す、底力のようなパワーに驚かされたりするでしょう。

私自身、結婚して子どもを持つ前は、いつも仕事に疲れていたし、いつも時間がないと思っていました。今から思えば、どうでもいいことに、時間とエネルギーとお金を無駄にしていました。仕事、家事、子育て、そして自分のための時間を作らなければいけない今、自分の中の時間の観念が、いつも新しくなっていると感じられることが、とてもありがたいです。

子どものために起業して、それが天職になったという女性たちもたくさんいらっしゃいますから、家庭を営むことがキャリアのためのインスピレーションやパワーになっていくこともあるのですね。

時間をうまく使いわけて、マルチタスクをこなしましょう

結婚すると、自分が自由に使える時間が、少なくなったかのように感じられることがあると思います。そして子どもが生まれると、最初はまるで、自由な時間がなくなってしまったかのように、感じることがあるでしょう。

しかし子育てに慣れてくると、「隙間時間《すきま》」というのがたくさんあることに気がつくようになるのです。早朝や夜中に、時間を作れるようになったり、ボーッと待ってるだけだった時間を、有効に使えるようになったり、ひとつひとつしかこなせなかった作業を、いくつも掛け持ちでできるようになったり、独身のときには使っていなかった才能、使う必要もなかった才能が、発揮できるようになるのです。人間は環境によって、成長させられますから。

私自身の経験では、たとえば出産直後、授乳中は動けないわけですが、基本的に手と頭

はあいています。なので本を読んだり、原稿を書いたり、座った状態でできる作業は、何でもやっていました。もっと慣れてくると、片手で何でもできるようになるので、赤ちゃんを抱っこしながら、パスタを作ったり、お誕生日プレゼントのラッピングをしてカードを書いたり、電話でアポを取ったり、パソコンで検索したり、メールの返事を書いたり、けっこういろいろなことができるようになるのです。これは在宅で仕事をしている場合ですが、子どもを保育園などに預けて仕事をするとなると、もっと時間ができます。

マルチタスクをこなさないといけない女性として、「ながら作業」の達人になる工夫をするのも楽しいです。「やらなきゃいけない」と考えると苦痛になることも、「楽しんでやろう！」と考えると、いくらでもできてしまいます。

いい結婚は、いい仕事へのモチベーションに

私は仕事も楽しむようにしていますが、子どもたちのお世話をしているときも、買物に出かけるときも、家事をするときも、「遊んでる」「休憩している」くらいに考えています。うまくできないときも、気にしません。

気がついたら、お皿の洗い物や洗濯物が山積み～！なんてことは、しょっちゅうですが、それを一気に片付けるのも、かなりの達成感があるので、子どもに教えたい歌なんかを聴きながら、やってしまいます。

子どもたちをお風呂に入れながら、ボーッとしたり、またはバスルームの掃除をしたり、お化粧を落としたり、歯磨きしたり。夜はいったん子どもたちを寝かしつけながら、そのまま寝るのですが、夜中に起きて、「やった～！　みんな寝てくれた～、しめしめ」とばかりに、嬉々《きき》として「静かな時間」を楽しみながら仕事をすることにしています。

マラソンのように生活するには、こまめに休憩するしかないのですが、ワーキング・マザーとなると、休憩のときも何かしながら、「ながら休憩」の達人になるしかないかなって思うのです。

そうやって、少しの時間でも有効に楽しむ習慣を身につけられたら、子どもたちが成長するにつれて、自分の時間がどんどん増やしていけるようになるでしょう。きっと独身の頃のような、無駄の多い時間の過ごし方は、しなくなるんじゃないかと期待しています。

仕事にしても、時間がないときに、集中してやるほうが効率がいいです。結婚と仕事を両立させる大変さを、不安がることはありません。

いい結婚は、いい仕事をするモチベーションになりますから。結婚と両立できないような仕事をしているなら、その仕事との関係や将来性に問題があるということかもしれません。結婚を機に、自分らしい仕事の仕方を実現させることは、とてもポジティブなことだと思います。

8章

お金の不安を解決する

21

お金と魂《たましい》の関係

魂が喜ぶ働き方をしましょう

私たちは、基本的にはお金のために仕事をしているのですが、どうせなら、魂が豊かになる仕事の仕方をするべきだと思うのです。生きることは、命を維持していくことだけではなく、幸せを感じるためのものですから。

「お金はあるけどハッピーじゃない」「生活はできるけれど、毎日が充実していない」では、何のために働いているのかわからなくなって、生きることに疲れてしまいます。そんな生活を続けていると、変なところで、ストレス発散にお金を浪費してしまったり、ネガティブな人間関係に巻き込まれたり、生活に歪《ゆが》みが出てきてしまう原因になります。将来への希望も夢も持てなくなって、人生の判断を狂わせてしまう可能性にもつながります。「働かなくてもいいくらいのお金が欲しい」と思うこともあるかもしれませんが、働くことは自分の人生に活力を与えてくれる、大切な営《いとな》みです。働くことでしか学べないこと、発見できないことがたくさんあるのです。人やチャンスとの出会いもそうですし、自分と共通に夢を追う、「魂の同志」的な人たちとの出会いもそうです。

働いていることが幸せだと感じられるべきです。仕事をするとき、いつもポジティブでいられる工夫をしなければ、それは叶《かな》いません。気持ち良く仕事をするためには、お金のことに感情的に振《ふ》り回されないようにすることも、大切だと思います。

「生きていかなきゃ」という危機感を、働くモチベーションに変換しましょう。これをストレスと感じるべきではないのです。「焦《あせ》り」は「やる気」に変えましょう。焦ったら、さっさと動く。真剣になるべきときが来ているのです。

「稼《かせ》げればいい」という考えほど危険なものはありません

働くことが魂を蝕《むしば》んでしまうようでは、自分を生き殺しにするようなものです。どうやってお金を稼ぐかを選ぶとき、どんな仕事でも何かの役目、使命を果たすことになるのだと考えてください。「お金さえ稼げればいいや」という考えで、自分を殺してしまうような仕事を選ぶのは、不運を創るようなものです。そんなこと、わかっていても、やっぱり悩むものです。「そんなに簡単じゃないよ」と思われるでしょうが、基本的には絶対やりたくない仕事はやらないことです。

働きながら、向上心を豊かにすること、知性を豊かにすること、人と接することで豊かになっていくこと、好奇心を満たすこと、情熱を注ぐことなどを意識してください。お金がなくなったら、生きていく気がしなくなるようでは、ポジティブなお金と魂の関係が築けていないということです。お金がないときほど、「やる気」や「闘志」や「夢」が湧《わ》いてくるようにするべきです。あなたの魂とお金の関係はどうでしょうか。

魂がお金にしばられていませんか

お金だけに価値をおいて、お金に一喜一憂する生き方は、魂的な生き方ではないと思います。いつもお金のことが心配で、お金に関する不安や焦りで、夜も眠れなくなる人は多いのですが、そんな状態では、生きた心地がしないでしょう。それでは幸せにはなれませんね。

生きていくために、お金が必要なのは、誰だって同じです。同じお金を稼ぐにしても、その稼ぎ方、使い方に、その人の幸せの純度が影響されるのだと思います。嫌々《いやいや》働いて、嫌々出費をするようでは、幸せになれません。感謝の気持ちで働けて、感謝の気持ちでお金を使えないなら、今の生活に改善するべきことがあるのでしょう。

恋愛や家族との関係でも、お金のことが、障害になるべきではないのです。お金に魂をしばられない生き方をするには、お金で買える幸せではなく、それを超えた幸せを、最優先しないといけないでしょう。何かにお金を払うとき、それによって感じる幸せや、素敵な思い出、ポジティブな可能性を手に入れていることに、価値を感じてください。

お金があるかないかで、チヤホヤされたり、冷たくあしらわれたりすることが、ありがちですが、そのすべてはそのとき、その場限りの関係で、あなたの魂の価値とは、まったく無関係です。魂的にはつながっていかない関係です。自分にお金があるかないかで、自分の可能性や価値を判断するのもやめましょう。「お金がないから」と、いろんな可能性を封じ込めてしまっていることそのものが「不幸」なのです。

お金がない！という焦りは、お金を稼ぐモチベーションに変換するべきで、嫌悪感に変換するべきではありません。どうしても働かなきゃいけないから、それまで自分ができないと思っていたことも、できるようになったりするのです。魂が自由な人なら、「お金がないから自分は何もできない」という考えにはならないでしょう。「必要なお金を稼ぐために頑張ろう！」という気持ちを、夢や希望、幸せというポジティブなエネルギーに変換できるはずです。

22

お金で悩まず、不安にならないための5つの考え方

そんなに貯金がないのに、お金に困らない人の考え方

お金に困らない人というのは、親からいくらでも支援してもらえるとか、高収入だとか、しっかり貯蓄があるという人だけではないと思います。そんなにたくさん稼《かせ》いでいるわけじゃなくても、そんなに貯蓄がなくても、お金が必要になったら、その必要な分だけ稼げるタイプの人がいて、そういう人は一生お金に困らないのです。いつでも一生懸命働

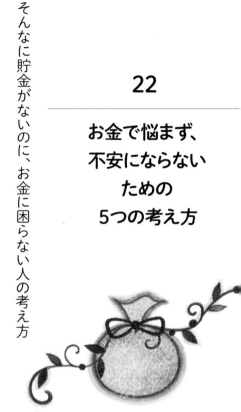

ける人は、お金には困らないということです。

余分にお金を稼いでも、無駄なものに使ってしまったり、ダマし取られたりなど、ネガティブなことに巻き込まれる人も多いですし、ちゃんと安定した仕事があるのに、いつもお金に困っている人もいます。収入があっても、浪費を続けていては、どれだけお金を稼いでも、いつもお金に困ることになります。

魂《たましい》的な喜びは、お金では得られないものです。魂が満たされていれば、お金が原因で手に入らないものに執着することはなくなります。「あれが欲しい、これが欲しい」といって、所有欲に振り回されるより、大好きなものでも、別に自分が所有しなくてもいいと考えられるほうが、魂的には自由で幸せなのです。そして、魂が自由で、直感が研《と》ぎ澄まされていれば、必要なお金を作る方法は、いくらでも観《み》えてくるでしょう。

お金の不安をなくす近道

人は魂が満たされていないと、何か物を買って、それで自分を満足させようとするものです。そしてその喜びは、長くは続きません。まずお金の心配から解放されるには、お金が足《た》りなくて買えないものに執着しない状態になることです。「欲しいもの」と、「必要なもの」は、全然違いますから。

たとえば恋愛関係で、プレゼントで盛り上げるということがありますが、これも度が過ぎると、魂的な関係は育たなくなってしまうと思います。「いつもお金のことが不安な人」というのは、いくらお金があっても不安なもので、習慣的に「不安」を感じていないと、さらに「不安」になるという悪循環にいるようです。

お金のことと、天災のことは、不安がりはじめると、キリがないのです。お金の不安から解放されたかったら、まずは「お金の貸し借りはしない」ことです。クレジットカードは、支払い期日に一括返済する。そしてギャンブルをしない。株の購入なども含め、自分でコントロールできないものに、投資をしないこと。そして、お金のことで「うまい話」は絶対にナイと思うこと。魂を解放して、自由に生きるためにも、負債を抱えないことだと思います。

負債を抱えてリスクを背負ってでも、夢を実現させるために冒険できる人は、お金のことを心配しない、またはお金の不安に振り回されないから、それが可能なのでしょう。

経済的に自立している人が、魂の自由を手に入れる

私は、経済的に自立していない人には、本当の魂の自由は難しいと思っています。自分で自由に使えるお金を、自分で稼げるということが、自由に生きるための自信になっていくと思うのです。

今の時点では、生活していけるだけの金額が稼げなかったとしても、自立を目的に働き続ければ、いつか生活できるようになるはず。「仕事をするなら、自由に過ごす時間をあきらめなければいけない」なんて、思い悩まないようにしましょう。心も身体も拘束《こうそく》される仕事をしていても、発想の自由は誰からも取り上げられませんから。

夢を大きく膨《ふく》らませながら仕事をすれば、どんな仕事もやりがいが出てくるでしょう。自分で望んだ「夢の仕事」でさえ、楽しいことばかりではないはずです。

お金がないから、精神的に自由になれないという人がいますが、その人を拘束しているのは、その発想そのものです。いつか夢の仕事で経済的に自立できるようになることを決意して、そのために経済的にご支援いただいたり、ローンを借りられることは、ポジティブなことです。でもそれと引き換えに、自分の魂を束縛されたり、プレッシャーを感じた

りするとネガティブなエネルギーが生じます。それなら自力で、もっと地道な方法で、夢の仕事につながる道を切り開いていくほうがいいのでしょう。

天職に就《つ》くためにも貯蓄をする

貯金をしようと努力するときが、自分とお金の関係について、いろいろ学べる良いチャンスなんだと思います。生活でいらない出費を省きながら、自分にいらない、余計な考えなども、整理できるようになると思います。

貯金があれば、転職がスムーズにいかなくても、失業中にできた時間を「やりたいこと」に費やすことができますし、天職に就けてから、その仕事が軌道に乗るまでの間、それでやっていけるかどうかなどの不安を和《やわ》らげてくれると思います。貯金はいろんなモチベーションのきっかけにもなります。

転職するには、精神力、体力、そして経済力が必要で、これがないと不安で転職できないでしょう。なかには、そんなのまったく関係なく、あてもなく思い切って転職できる人もいますけれど、そんな度胸がない人は貯金をしましょう。自由を選んだり、新しいことにチャレンジするときにつきものの不安は、貯金で緩和されますから。なので、天職が見つかっていない人も、見つかったときのために貯金しておくのがいいでしょう。

お金を貯めるために、いろいろ工夫することは、自分へのチャレンジです。どんな夢を実現するにも、まず資金を調達するところから試練が始まりますから、このステップを避《さ》けていては、夢は達成できないのだと思います。

自分への投資は、思いついたらすぐ実行

夢の仕事に就くためには、自己投資のための出費がかさむ時期があるのも、当然なことです。それで貯金したくてもできないときは、自分自身に投資して、無形の財産として貯蓄されているのですから、その価値を大切にしてください。「元が取れるのだろうか?」という疑問が湧《わ》いてきても、そんなのは当たり前です。自分への投資は、絶対に無駄にはなりません。逆にその不安を、「投資した分を絶対に回収するんだ!」というモチベーションに変えましょう。

たとえ最終的に、勉強したこととはまったく違う職業に就いたとしても、そのときに投

資して勉強したことが、どこかで役立つはずです。人が選んだ道は、どんなに回り道でも、最終的には、すべてどこかでつながって役に立ってくれるものです。または、何らかの形で役に立てるようにするべきです。仕事は、人生で経験したことのすべてを応用できるものですから。

自分への投資は、「モノにならなそう〜」という予感がしても、やりたかったら、真剣にチャレンジするべきだと思います。「真剣にベストを尽くした」という経験が貴重な収穫なのですから。まわりの人に、「そんなこと勉強しても、仕事にはつながらないんじゃない？」と言われたとしても、それは今の現状から判断できることであって、未来の可能性はいくらでも広げていけるのです。

音楽を勉強したけど、音楽家にならなかった、医者を目指したけど、医者にならなかった、経済を勉強したけど、まったく違う仕事に就いている、そんなのはまったくかまいません。それをコンプレックスに思うなんていうネガティブなことは絶対してはいけません。

自分の夢の仕事とその可能性は、一生をかけて発見していくものですから。何かを一生懸命勉強したこと、情熱をかけて追いかけた夢、そういったものは、一生をとおして、自分にインスピレーションを与えてくれます。そしていつか、自分がやってきたことのすべてが総合されて、結果をみせてくれることでしょう。自己投資を思いついたら、打算的な考えはしないで、全力投球してください。その資金も自分で稼ぎ出すことが貴重な経験になります。すべて自分で責任を持ってやったことなら、失敗しても他の人に迷惑をかけませんし、失敗を怖がらずに思いっきり行動するポジティブ・エネルギーそのものが、ポジティブなリターンを生んでくれるでしょう。

おわりに

「好きな仕事をしている人って、その真剣さがカッコいいな〜」って、端《はた》から見るとそんなふうに感じるんですよね。本人は無理難題を抱えて苦悩していたとしても、それが素敵に見える。好きな仕事をしてるわけじゃない人でも、それでも一生懸命、真面目に働く姿って、本当に素敵だと思うんです。同じ人でも、仕事中とそうでないときの印象が全然違ってビックリ〜！みたいなことってありますよね。

私は元気に働く人々の姿を見るのが大好きで、その姿にいつも励まされています。ところが、なかには働くことによって、どんどん元気がなくなっていく人もいるのです。職場ですっかり「働くお人形」のような状態になっていて、意思表現はできないし、コミュニケーションも必要最小限、人間味のない職場で、魂《たましい》を消耗してしまっている。そんな環境の中、生活のために、ひたすら自分を押し殺して働いている人もたくさんいるのです。「一生懸命、真面目に働く人が集まっている場所なのに、みんな無表情で、キラキラする感じがしない」、そんなふうに感じるとき、私は不安になります。せっかく働いているのに、魂が輝いていないのは、幸せじゃないってことだと思うのです。

今の時代、仕事のマニュアル化が進んで、それが当たり前のようになっています。このような状況がますます進むと、世の中に無表情で働く人がどんどん増えていくのではないかと心配になってしまいます。そんな危機感から自分たちを救うためにやるべきことは、働く私たちひとりひとりが、自分らしさを確保するために、働き方の工夫をすることではないかと思うのです。

一日のうちで仕事をする時間は長いですから、本来の自分の在《あ》り方と、職場での自分が一致しなくて、だんだん自分がわからなくなってしまったという悩みを相談される人が多い中、それとは逆に、仕事をしながら、自分の望む勤務地、勤務時間などの労働条件をすべて叶《かな》えてしまう人もいます。「自分らしく生きる」ということは、「自分らしく働く」ということと切り離せないと思います。それは決して「わがまま」ではなく、私たちには自分らしく働く権利があり、選択があり、責任があるのだと思うのです。

誰もがいきなり「自分らしく働く」ということが何かを知ることはできないかもしれません。ただ、それを追求していくことは、自分らしい生き方を求めることと共通しています。だから就職に失敗することだって、自分らしい生き方を見極めるために、有意義なことなんだと思います。

世の中に、活《い》き活き働く人が増えてもらいたい。みんな、自分らしい働き方で魂を解放して幸せになってもらいたい。そんな気持ちを込めて、この本を書きました。

「幸せに働けたら、大儲《もう》けできなくてもいい」「自分らしくいられる、好きな仕事だから、それで幸せ」と断言できる人は、本当に素敵です。働くほど人間味を失っていく世の中にはなってもらいたくないです。

顔が見えないのに人間味を感じさせてくれる電話オペレーターさんに当たると、本当に嬉しいですもの。どんな時代にも、人間には人間の愛が必要なんです。

働きながら、自由に人間愛を表現し、循環できる世の中であってほしいです。そう願いながら、仕事を愛し、ひたすらネガモンと闘《たたか》い、あらゆるネガティブをポジティブに変換するために、精進してまいりたいと思います。

原田真裕美

本書は、二〇一〇年十二月に小社より単行本『あなたの「つらいこと」が「いいこと」に変わる本』として刊行された作品を加筆・修正して文庫化したものです。

一〇〇字書評

切り取り線

購買動機（新聞、雑誌名を記入するか、あるいは○をつけてください）

- □ （　　　　　　　　　　）の広告を見て
- □ （　　　　　　　　　　）の書評を見て
- □ 知人のすすめで
- □ タイトルに惹かれて
- □ カバーがよかったから
- □ 内容が面白そうだから
- □ 好きな作家だから
- □ 好きな分野の本だから

●最近、最も感銘を受けた作品名をお書きください

●あなたのお好きな作家名をお書きください

●その他、ご要望がありましたらお書きください

住所	〒				
氏名		職業		年齢	
新刊情報等のパソコンメール配信を 希望する・しない	Eメール	※携帯には配信できません			

あなたにお願い

この本の感想を、編集部までお寄せいただけたらありがたく存じます。今後の企画の参考にさせていただきます。Eメールでも結構です。

いただいた「一〇〇字書評」は、新聞・雑誌等に紹介させていただくことがあります。その場合はお礼として特製図書カードを差し上げます。

前ページの原稿用紙に書評をお書きの上、切り取り、左記までお送り下さい。宛先の住所は不要です。

なお、ご記入いただいたお名前、ご住所等は、書評紹介の事前了解、謝礼のお届けのためだけに利用し、そのほかの目的のために利用することはありません。

〒一〇一-八七〇一
祥伝社黄金文庫編集長　吉田浩行
☎〇三（三二六五）二〇八四
ohgon@shodensha.co.jp

祥伝社ホームページの「ブックレビュー」からも、書けるようになりました。
http://www.shodensha.co.jp/bookreview/

祥伝社黄金文庫

あなたの「つらいこと」が「いいこと」に変《か》わる本《ほん》

自分《じぶん》らしい「働《はたら》き方《かた》」で幸《しあわ》せになる22の方法《ほうほう》

平成27年12月20日　初版第1刷発行

著　者　原田真裕美《はらだまゆみ》

発行者　竹内和芳

発行所　祥伝社《しょうでんしゃ》

〒101－8701
東京都千代田区神田神保町3－3
電話　03（3265）2084（編集部）
電話　03（3265）2081（販売部）
電話　03（3265）3622（業務部）
http://www.shodensha.co.jp/

印刷所　萩原印刷

製本所　ナショナル製本

Printed in Japan　© 2015, Mayumi Harada　ISBN978-4-396-31681-5 C0195